一語から始める小さな日本語学

〔編〕
金澤裕之　山内博之

ひつじ書房

はじめに

「小さな政府（limited government）」という考え方がある。「小さな政府」とは、「大きな政府（big government）」の対概念であり、経済活動への政府の介入をできるだけ小さくすることによって、経済活動を活性化するという考え方である。

1929年の世界的な大恐慌以降、「政府は市場に積極的に介入すべきである」という考え方が主流となり、政府は積極的に経済活動に介入してきた。しかし、1970年代になり、経済活動への介入が重荷となって慢性的な財政赤字を抱えたり、政府の介入が効率的な資源配分をかえって妨げることになったりという弊害が生じるようになった。

そこで登場したのが「小さな政府」、つまり、政府の役割をできるだけ小さくしようという考え方である。大恐慌への対応策としては、「大きな政府」は効果的だったのだが、時が経つにつれ、「大きな政府」は身動きがとれなくなってしまったのである。

日本語学研究においても、この「大きな政府」のように、文法研究の役割があまりにも大きくなりすぎてはいないだろうか。そして、そのために、活発な日本語学研究が妨げられてしまってはいないだろうか。

この30年ほどの間に文法研究が大きく進展し、その大まかな骨格がだいたいできあがった。そのため、今から文法研究に参入しようとしても、概ね組み上がった体系に挑んでいかなければならない。それを組み替えることも、また、入り込む隙間を探すことも、研究の初心者にとってはとても難しいことである。

では、語彙研究はどうかと言えば、語彙研究もそう簡単ではない。語彙とは「語の集まり」のことなので、語彙研究を行なうためには、計量的な手法を避けては通りにくい。計量的な手法は、文系研究者にとっては、なかなか敷居の高いものである。また、この30年ほどに限って言えば、文法研究に

比して研究論文の数が少なく、ロールモデルとなり得るような研究も多くはない。語彙研究という山に関しては、もっといろいろな登山ルートが示されて然るべきである。

　本書の提案は、いわゆる文法研究や語彙研究ではなく、1つの実質語に着目して、「小さな日本語学」の研究を行なってはどうか、ということである。

　1つの実質語を扱うのみだと、学会発表や学会誌掲載に値する研究にはなりにくい。しかし、1つの実質語を対象とした研究を続けていくうちに、その研究が思いがけず広がりを見せ、学会発表ができたり、学会誌に掲載されたりということもあるだろう。

　これまでに積み上げられてきた文法研究の隙間を探せと言われても、なかなか難しいが、一語の研究を続けていくうちに、たまたまそれが見つかるかもしれない。また、語彙研究という山を登るためのきっかけや新たな手法が、たまたま見つかるかもしれない。内野ゴロでの凡退が5打席続いたとしても、6打席目に、打球がショートの頭をぎりぎり越えればいいのではないか、という考え方である。たまたま出たヒットでもかまわない。そのうち、ヒットを打つコツがつかめてくるだろう。それに、ショートの頭をぎりぎり越えたヒットが、試合の中ではホームランと同等の価値を持つこともあるのではないだろうか。

　1つの実質語から始める研究を、本書では「小さな日本語学」の1つであると考えるが、「小さな日本語学」研究を行なうメリットは、主に次の5点である。

①日本語学者を志す人が「文法研究」や「語彙研究」という舞台で勝負するためのきっかけがつかめる。また、いい練習にもなる。
②日本語学や日本語教育の卒業論文を書くのに最適である。
③大学の初年次教育や日本語学に興味を持たせるための授業で使用でき、効果が期待できる。（日本語学のファンを増やせる。）
④日本語教育に役立つ。（日常のコミュニケーションでは機能語より実質語の方が重要だが、これまで実質語を研究する研究者がほとんどい

なかった。）
⑤日本語学研究の新しい領域を開拓できるかもしれない。

　本書には、17名の執筆者による17本の論文が掲載されている。1つの論文の長さは、いわゆる「研究論文」より少し短いので、「研究ノート」と呼ぶ方がふさわしいかもしれない。17名の執筆者に対しては、本書の論文執筆に際し、以下のような依頼をした。

◆ある「一語」に着目し「自分らしさを出した研究ノート」を書く。その「一語」に対して抱く違和感や「気になる」「面白い」という気持ちから研究をスタートさせ、結論も、その「一語」に収束させる。また、その「一語」は、機能語ではなく、実質語であると望ましい。多くの人に「ことばの楽しさ」を実感してもらえるような研究ノートを書いていただきたい。
◆ネタ・素材を大切にした研究を行なっていただきたい。発想・着想はとても重要である。論証は最小限でよい。
◆コーパスやアンケート調査など、データとして依拠できるものをもって研究を進めていただきたい。

　本書に掲載した17本の論文タイトルは以下のとおりである。いずれのタイトルにも、研究対象となる一語が含まれている。そして、「当該の語との出会いの場」もしくは「発想の源」というような観点から全体を5部に分け、それらの中に17本の論文を収めた。

　第1部　日常のやりとりから
・「わーい」っていつ使う？
・もう3杯でもひょっひょっひょって感じ。
・私、現国すごい苦手で、それこそセンター試験の小説のセクションとか

第2部　学生とのやりとりから

・教授のおっしゃるとおりです。

・大学生って生徒なの？

・夏休みにアルバイトを始める子が増加する。

第3部　日本語学習者とのやりとりから

・母は親切です。

・どうぞよろしく。

・愛ってやっぱ難しいじゃないですか

・あんばい、どうですか？

第4部　趣味の中から

・さっくり混ぜる

・「ヘイトを稼ぐ」から「ヘイトを買う」へ

・「どんな週末でしたか？」「ええと、いろいろです……」

第5部　副産物いろいろ

・きっかり10時

・「考えを深めましょう！」「え、どうやって…？」

・まさにジャスト

・選手たちのたゆま（　　　　）努力

　これらを見ると、執筆者たちが日々の生活や学生とのコミュニケーションの中の何気ない「一語」から、研究の着想を得ていることがわかる。また、料理やゲームなどといった自らの趣味の中から見つけた「一語」もあるし、さらに、元々の専門領域の研究を行なっている中から副産物的に出会った「一語」がきっかけとなって始まった研究もある。

　いずれの論文も「一語」に始まり「一語」に終わる「小さな」ものなのであるが、読んでみると、何らかの発見があることがわかる。いわゆる「大きな日本語学」では見いだせなかったであろう文法現象もあるし、また、文法書に記述されるべき内容と国語辞典に記述されるべき内容の中間にあるような現象が存在していることもわかる。小さなことに着目し、その小さなこ

とをいろいろな角度から眺めていると、ある時、それが突然広がることがある。研究とは、本来そのようなものなのではないだろうか。

　最後に、この本の共編者である金澤裕之氏に関して一言触れる。本書は、氏の『留学生の日本語は、未来の日本語　日本語の変化のダイナミズム』(ひつじ書房、2008)の考え方をダイレクトに受け継ぐものである。ネタ・素材に触れた時の発想・着想がとても重要で、一方、論証は最小限でよい。それが「小さな日本語学」の生命線であり、この「小さな日本語学」によって、日本語学全体に大きな活力がうまれないものかと考えている。

2022 年 1 月 26 日
山内博之

目　次

第1部　日常のやりとりから

第2部　学生とのやりとりから

第1部　日常のやりとりから

「わーい」っていつ使う？

小西円

1. はじめに

　感動詞という品詞はなかなかやっかいである。「おはようございます」のようなあいさつことばも感動詞に含まれるし、「はい」「うん」のような応答を表す語、「えっと」「あのー」のようないいよどみを表す語、そして、「わーい」「ぎゃー」「おや」のような感情や、発する音・様子を表したりする語も含まれる。感動詞を専門的に説明すると、「事態に対する感情や相手の発言に対する受け答え等を、一語で非分析的に表す形式」(益岡・田窪 1992: 60) であり、「単独で一語文になることができる」(日本語記述文法研究会編 2010: 119)語となる。

　感動詞は実際どのように使われているだろうか。たとえば、「ぎゃー」は驚きを表し、「おや」は意外な事実に気づいたことを表すが、実際に声に出して「ぎゃー」や「おや」と言う人は少ないのではないだろうか。つまり、「ぎゃー」や「おや」がどんな時に使われるかには、何らかの特徴があるように思われる。そこで本稿では、「ぎゃー」や「おや」と同様に、使われ方に何らかの特徴があると思われる「わーい」に焦点を当てて、「わーい」が実際に話されたことばと書かれたことばの中でどのような異なりを見せるかを分析する。

　ちなみに、本稿では便宜的に、小説や新聞などに見られる「文字で書かれたことば」を「書きことば」、「実際に声に出して発されたことば」を「話しことば」と呼ぶことにする。「書きことば」には「改まり度の高いことば」

というような意味が含まれたり、「話しことば」には「くだけたことば」と
いうような意味が含まれたりすることがあるが、本稿ではそのような意味で
は使わない。

2. 「わーい」の辞書的意味

辞書で「わーい」の意味を調べると、以下のように書かれている。

> わあい［感］
> 1　人をひやかしたり、はやし立てたりするときに発する声。「わあい、
> 　　赤くなったよ」
> 2　驚いたり喜んだり、気持ちが高まったりしたときなどに発する声。
> 　　「わあい、蛇だぞ」「わあい、やった、やった」
>
> （『大辞泉第二版』下巻）

また、感動詞や口語を専門にした辞書では、以下のようにもう少し詳しく
述べられている。

> わーい
> ①「あした休みだから、野球連れてってやろう」「わーい、うれしいな」
> ② 有名選手の訪問に生徒たちはわーい、わーいと歓声をあげた。
> 解説：歓喜の声を表す。プラスイメージの語。①は感動詞の用法。②は
> 実際の音声を描写する用法で用いる。「わーいわーい」は反復・連続系。
> 音調は HM の 3 拍で、語尾が自然に下がる。話者は子供か若者が多い。
> 喜ばしいことがあってあげる歓喜の声を表し、歓迎・歓喜の暗示がある。
>
> （『現代感動詞用法辞典』[1]）
>
> わーい
> 《解説》「わーい。勝った」「わーい。今日は彼とデートだ」のように、
> 何か嬉しいことが起こった時や、これから起こるときに使用される。子

どもや若い女性が使うことが多く、大人や男性が使った場合は、幼稚な
印象を与える。非常に喜んでいる場合は「わーい、わーい」と2回続け
て言うこともある。　　　　　　　　　　　　（『研究社日本語口語表現辞典』）

　ここから、「わーい」には、①ひやかしたりはやし立てたりする、②歓喜
を表すという2つの意味があることがわかる。また、使用者は子どもか若
者、若い女性が多いと記されており、偏りがあるようだ。では、次に、実際
に使われている様子を観察しよう。

3.　話しことばにおける「わーい」

3.1　調査の方法

　「わーい」の使われ方を調べるためにコーパスを使用する。話しことばの
コーパスとしては、『日本語日常会話コーパス』(以下、CEJC と呼ぶ)、『名
大会話コーパス』(以下、名大コーパスと呼ぶ)、『現日研・職場談話コーパ
ス』(以下、職場コーパスと呼ぶ)の3つを用いる。それぞれのコーパスの特
徴について述べておこう。

　CEJC は、日常場面の中で当事者たち自身の動機や目的によって生じる会
話を対象として収集されたコーパスである (小磯他 2020)。家族での観光旅
行や友人同士の雑談、イベント企画の相談、PTA 役員の引継ぎなど、多様
な場面が収録されている。音声だけでなく映像も公開されている点が特徴的
である。本稿では 50 時間分のデータが収録された「CEJC モニター公開版」
を使用する。そのため、以下で CEJC に言及するときは、モニター公開版を
指している。データの収集は 2010 年代後半で、協力者は 20 代から 70 代ま
での男女各 10 名である。名大コーパスは、10 代〜 90 代の協力者の雑談を
中心に収集された約 100 時間のデータである (藤村他 2011)。2000 年代前半
の収集で、話者には女性が多い。収集場所は名古屋が多いが東京等もある。
職場コーパスは、20 代〜 50 代の有職女性 19 名、有職男性 21 名を協力者と
して、職場での会議、打ち合わせ、休憩時間の談話を収録したものである(現

代日本語研究会（編）2011）。データ収集は 1990 年代である。つまり、3 つの
コーパスは、多様な場面を集めた CEJC、雑談を集めた名大コーパス、職場
での談話を集めた職場コーパス、という特徴がある。

　コーパスの検索にはコーパス検索アプリケーション中納言を使用する。検
索は語彙素「わあい」を用いて行う。そのため、「わーい」「わあい」「ワーイ」
など多様な表記をまとめて検索することが可能である。また、「わーい、わー
い」のような連続系は、2 例の出現があったとカウントする。

3.2　「わーい」の使われ方

　これらの 3 つのコーパスで検索した結果を表 1 に示す。各コーパスは総語
数が異なるため、粗頻度を単純に比較することはできない。そこで 100 万語
あたりの調整頻度である PMW（per million word）を用いて比較する。

表 1　話しことばのコーパスにおける「わーい」

コーパス	粗頻度	PMW（100 万語あたり）
CEJC	11	18.1
名大コーパス	3	2.7
職場コーパス	0	0.0

　表 1 を見ると、職場コーパスには「わーい」が全く現れなかったことが
わかる。職場では、たとえ休憩時間であっても「わーい」のような表現でひ
やかしや歓喜を表すことがあまりない、ということができるだろう。もちろ
ん、コーパスにそのような場面が収録されていないだけ、ということも考え
られるが、同様の意味を表すと思われる形容詞「嬉しい」を検索すると 4 例
ヒットし、そのうち 2 例が「わー、うれしい」「あー、うれしい」のように
「わーい」でも表現できる内容で用いられていた[2]。そのため、職場だからと
いって歓喜を表現する場面がないわけではないものの、「わーい」という語
は使われにくいと考えられる。また、PMW を見ると、多様な日常会話の場
面が収録されている CEJC のほうが雑談の名大コーパスよりも多いことが
わかる。

では、実際にどのような場面で「わーい」が使われているのかを詳しく見ていくことにしよう。CEJCの例は全て映像を見て前後の文脈等を確認した。

　CEJCの11例はすべて歓喜を表す用法で用いられていた。また11例すべてが食事場面での使用であり、発話者は全員女性であった[3]。食事場面には、「飲食店での誕生日会」「姉・妹の飲食店での食事」「ママ友宅での昼食会」「実家で家族が集まっての食事会」の4場面があった。さらに具体的に「わーい」が使われた文脈を見ると、「新しい料理が出てきて喜ぶ場面」が8例、「プレゼントをもらって喜ぶ場面」が1例、「会話の収録が終わると聞いて喜ぶ場面」が2例であった。

(1)　　　ママ友宅での食事会で生ハムが出てきた場面
　　　　晴美：生ハムもらっていい？
　　　　綾子：うん。
　　　　尚子：すごい。ちょっと。
　　　　由美：わーい。超豪華。　　　　　　　　　　　　（CEJC: T003_021）[4]
(2)　　　誕生日会の主役(夏樹)がプレゼントをもらう場面
　　　　玲子：プレゼント贈呈タイム行く？
　　　　美沙：###
　　　　可奈子：あ。
　　　　美香：あ。
　　　　可奈子：そうだ。
　　　　美香：そうだそうだ。
　　　　夏樹：わーい。
　　　　玲子：うーん。
　　　　美香：やろうやろう。　　　　　　　　　　　　　（CEJC: C001_001）
(3)　　　会話の収録が終了する場面
　　　　玲子：でもちょうど30分撮れたからここで。
　　　　夏樹：うん。
　　　　玲子：終了で。

美沙：はーい。

夏樹：わーい。

玲子：あー。

美沙：わーい。 　　　　　　　　　　　　　　　　　　　　　（CEJC: C001_001）

　CEJC で会話の収録に協力した協力者は男女同数であるため、11 例すべてが女性の発話ということは、「わーい」が女性に偏って使用されていることを示している。また、11 例の「わーい」を 6 名が使用しており、4 例発話した者が 1 名（4 例のうち 2 例は連続系の使用）、2 例発話した者が 2 名であった。つまり、使用には個人差があり、好んで使う人は何度も使う傾向があるともいえる。また、CEJC に収録された全 126 セッションの会話のうち、食事に関連する活動は 49 セッションで、全体の約 39% である。そのため、11 例すべてが食事場面ということは、「わーい」の使用が食事場面に偏っていることを示している。その中でも「出てきた料理に対して喜ぶ」場面が特に多い。

　一方、名大コーパスでは少し様子が異なり、飲食の場面は現れない。道路等の開通について話す場面（4）と、新しい仕事に関して話す中で喜びを表す場面（5）である。残り 1 例は、発話の冒頭部であるため、文脈が全く判断できないもの（6）であった。発話者は全員女性で、全て歓喜の用法であった。

(4)　　運転する車中で道路等の開通について話す場面

　　　F036: 大丈夫大丈夫、信号変われば。あ、ていうか、ここ ***。長いよね、ここの工事。

　　　F057: ねー、どうなるの、それで、できたあかつきには。

　　　F036:< 笑い > めでたく開通するんじゃないですか。わーいって。

　　　　　　　　　　　　　　　　　　　　　　　（名大コーパス: data045）

(5)　　大学の教室で新しく始まる仕事について話している場面

　　　F137: * よしえ * のパン。（うん）あ、そう、さっきの話に戻るとさ、（うん）メールアドレスとかもう聞いちゃってもいいの？（いいよ）それで 2

人でや、やって、（あーん）やり取り（うんうんうんうん）したら？あ、
その方がいいか。うん。

F114: そうかもね。

F137: わあーい、おもしろいね。

F114: ほんとだね。こんな話が飛び込んでくるとは思ってなかったよ。

F137: びっくりした？

F114: 朝っぱらからびっくりしたよ。うわーとか思って。

(名大コーパス: data066)

(6)　　M203 での自宅での会話で、録音の冒頭部分

F128: 来てたときによく貸してもらったやつだ。

M023: そう、そんな感じのとこ。

F128: わーい。サンキュー。　　　　　　　　（名大コーパス: data005）

　(4)の例は「わーいって」のように引用節のなかに埋め込まれて使用され
ている。そのため話し手の歓喜を表してはおらず、また、単独で一語文にな
れる用法ではないため、話し手の歓喜を表し、かつ一語文になれる例と同様
に扱うことは難しい。ここでは、話し手の歓喜を表し、一語文になりえる(5)
と(6)がより感動詞らしい用法と考えられる[5]。

　表 1 に示した CEJC と名大コーパスの PMW を比較すると、CEJC の方が
高く、CEJC でより「わーい」が使われやすいことを示している。名大コー
パスで「嬉しい」を検索したところ 113 例ヒットし、そこから話し手の歓喜
を表し、一語文になりうる「わーい」と類似の使用のされ方をしていた例を
抽出すると 23 例であった。そのため、名大コーパスにおいて歓喜を表す場
面がないわけではなく、「わーい」自体が少ないということができる。両コー
パスの違いとして、話者の出身地・居住地を見ると、CEJC の話者は 6 名す
べてが関東圏に居住しており、出身も 4 名は関東圏であった[6]。それに対し
て、名大コーパスの「わーい」を発話した話者 3 名は愛知県出身であった。
両コーパスの話者の出身・居住地の割合が影響している可能性はゼロではな
いが、本稿のコーパス調査だけからははっきりしたことはわからない。

ここまでの結果をまとめると、話しことばでの「わーい」は、歓喜の用法に偏っており、性別は女性、場面は食事で、特に料理が出てきて喜ぶ場面に偏って使用されているということができる。

4. 書きことばにおける「わーい」

4.1 調査の方法

　次に、書きことばにおける「わーい」の使われ方を調べる。書きことばのコーパスとしては、『現代日本語書き言葉均衡コーパス』(以下、BCCWJ と呼ぶ)を使用する。BCCWJ は、新聞・雑誌・書籍だけでなく、ブログやネット掲示板などもデータとして収録した約 1 億語のコーパスで、幅広いジャンルの書きことばを調査対象にすることができる (山崎(編)2014)。収集されたデータは最大 30 年間分(1976–2005)であるが、メインとなる書籍の場合は 1986 年～ 2005 年となっている。また、書籍はデータの収集の仕方によって「出版書籍」「図書館書籍」「ベストセラー」という下位区分が設けられている。

4.2 「わーい」の使われ方

　BCCWJ で「わーい」を検索し、誤って検索された対象外の用例を除外すると、172 例であった。この 172 例の「わーい」を意味によって分類したところ、①冷やかしたりはやし立てたりする例が 4 例、②歓喜を表す例が 165 例、③単なる音を表すなどのその他の例が 3 例であった。圧倒的に歓喜の用法が多く、「わーい」は基本的には歓喜を表す用法で使われていることがわかる。しかし、少数ではあるが、話しことばでは全く見られなかった冷やかしの用法が見られた。(7)が冷やかしの例、(8)が歓喜の例である。冷やかしの例にはやや古風な印象を受ける。

(7)　「しましまねこちゃん」「いっしょに　あそぼう」　しばふのうえで、
　　　おひるねしていた　とらねこは、かためをあけると、ふんと　いっ

て、しっぽも　ふりませんでした。　「へんな　ねこ!」「ひねくれ
とらねこ、わあーい　わあーい」　こどもたちが　はやしたてました。
　　　　(BCCWJ: LBan_00006　鬼塚りつ子『おばあさんとあかいいす』)

(8)　「すんませんなあ。米の御飯なんかずっと食べてえへんから、嬉しい
　　わ」「わーい、食べてええのん?」「一つずつ食べなあかん。両手に持
　　たんでも取りあげへんがな」子どもたちのはしゃぐ声と食べる音が、
　　まるで同じ部屋の中のように聞こえてきた。
　　　　　　　　　　(BCCWJ: OB5X_00120　妹尾河童『少年H』)

　172例のうち連続系は36例であり、冷やかす場合も歓喜の場合も用いら
れている。(7)と(8)の話者は子ども、(10)の話者は女性で、従来の指摘通
り、このような例が多い。(9)のように男性の例もあるが、ここには子ども
らしさの投影が見られる。しかし、ブログのように話者の性別がわからない
例もあり、全例における客観的な判別は難しい。また、場面は食事場面に偏
ることなく、歓喜を表す多様な場面がみられる。(10)は相手の申し出に対し
て喜ぶ場面である。

(9)　ぼくは、今でもときどき試験の夢を見る。宿題の夢も見る。会社の終
　　業ベルを聞いて「ワーイ、放課後だァ」と叫んでしまったりもする。
　　　　(BCCWJ: PB30_00070　南伸坊, 鏡明, 関三喜夫『フリースタイル』)

(10)　まゆ:え～!　じゃあ、どうすればいいんですか!?
　　　ゆう:だから、ある程度吹ける人と一緒に買えばいい。今回は僕が一
　　　　　緒に選んであげよう!
　　　まゆ:わーい!　ヤッター!　でも周りに吹ける人がいない時はどうす
　　　　　ればいいんですか?
　　　　(BCCWJ: PB27_00169　河原塚ユウジ『サックス入門ゼミ』)

　また、BCCWJをジャンルごとに分けて「わーい」の頻度とPMWを示
すと、表2にようになった。表2を見ると、「わーい」の出現はジャンルご

とに偏りがあり、ブログが大変多いことがわかる。ブログ以外のジャンルでは、PMW が 1 前後だが、ブログだけが 11.0 になっている。

表2　書きことばのコーパスにおける「わーい」

ジャンル	「わーい」粗頻度	「わーい」PMW
雑誌	5	1.1
新聞	2	1.5
書籍（出版）	14	0.5
書籍（図書館）	24	0.8
書籍（ベストセラー）	2	0.5
広報誌	1	0.3
ブログ	112	11.0
Yahoo! 知恵袋	12	1.2
合計	172	—

　ブログでの「わーい」の使われ方は、他のジャンルと異なる特徴がある。まず、すべてが歓喜の意味で使用されており、冷やかしの用法が見られないこと、次に、顔文字や記号などと併用されていることである。顔文字・記号との併用は、ブログで使用された「わーい」の 54% を占める。顔文字は「わーい」の前にも後ろにも現れる。また、顔文字と記号のどちらも使用される場合もある。顔文字・記号の使用は、ブログ以外のジャンルでは Yahoo! 知恵袋で 5 例見られたが、他のジャンルには見られなかった。

(11)　粘り強さと、投手のすばらしい投球！　勝利の女神は「日本」へ微笑みましたね　わぁ〜ぃ ﾟ.+:｡#(ﾉ∧▽∧)ﾉﾞ.+:｡　　（BCCWJ: OY14_17320）

(12)　オーナーさんは、私がワインはあまり飲めない事を知っているので、スペシャル友情価格にしてくださいました☆ワーイ♪ありがとうございます。
　　　　　　　　　　　　　　　　　　　　　　　　（BCCWJ: OY03_07471）

(13)　いよいよ 3 月ですね 本当の春が近い！って感じで今日は青空がいっぱいです \(∧∀∧) ワーイ♪　　（BCCWJ: OY05_06123）

　顔文字・記号の併用は新聞や書籍などのように校閲を経る出版物には見られないため、個人がインターネット上に校閲を経ないで書くブログや Yahoo!

知恵袋に限られる事例であると言える。

　ここまでの結果をまとめると、書きことばにおける「わーい」は、意味的には冷やかしと歓喜の両方が見られるものの、歓喜が一般的であり、冷やかしにはやや古風な印象があること、また、歓喜は食事場面などに限定されず多様な対象に対する歓喜が表されることがわかった。また、使用者の観点ではおおむね子ども・女性が多いという従来の指摘通りであること、ブログというジャンルに多く出現し、顔文字や記号との併用が多いことがわかった。ジャンルの偏りはあるものの、話しことばにおける「わーい」ほど使用場面などに偏りが見られない。

5.　「わーい」の使用が表すもの

　ここでは、「わーい」の使用が意味するものを役割語とブログにおける使用の観点から考えてみたい。

　まず、役割語について考える。役割語とは以下のように定義される。

> ある特定の言葉づかい（語彙・語法・言い回し・イントネーション等）を聞くと特定の人物像（年齢、性別、職業、階層、時代、容姿・風貌、性格等）を思い浮かべることができるとき、あるいはある特定の人物像を示されると、その人物がいかにも使用しそうな言葉づかいを思い浮かべることができるとき、その言葉づかいを「役割語」と呼ぶ。
>
> 　　　　　　　　　　　　　　　　　　　　　　　　　　　（金水 2003: 205）

　たとえば、博士が使う「わし」や「〜じゃ」や、お嬢様が使う「〜ですわ」のような表現が役割語である。このように見ると、「わーい」は子どもや女性を表す役割語だと考えることもできる。しかし、役割語の重要な特徴として、役割語はことばのステレオタイプであり、現実の人物のリアルな話し方ではないという点がある（金水（編）2014: vii–viii）。「わしは博士じゃ」のような博士を表す役割語は、小説や漫画などフィクションの世界で用いられ、

実際にそのように話す博士はいない。そのように考えると、「わーい」は実際の話しことばでも使用が見られるため、「わーい」の役割語度（金水 2003: 67–69）は低いということになる。

　しかし、実際の話しことばにおける「わーい」は、子どもや女性が歓喜を表す場合であればいつでも自由に使われるのではなく、使用場面に偏りがあった。子どもや女性が「わーい」を使って自由に歓喜を表せるのは、むしろ書きことばにおいてではないだろうか。このことを、ブログでの「わーい」の使用を軸に、もう少し深く考えてみる。

　ブログというジャンルは書きことばでありながら話しことば的な表現が用いられることが、これまでにも指摘されている（野田 2012、岸本 2017、2018 など）。ブログにおいて、書き手は自らの心情を吐露し、また、読み手を意識した表現、たとえば、「よ」「ね」などの終助詞、丁寧体、疑似的な独話、余韻を感じさせる表現などを使用する（野田 2012）。ここで、「話しことば的な表現」は話しことばそのものではないことに注意が必要である。次に、感動詞である「わーい」は話し手の感情を表現する語であり、また、「歓喜の声を表す」（浅田 2017: 277）とされているように、音声を写し取った語でもある。つまり、「わーい」は感情を表す音声的な語であり、話しことばの特徴を写し取った語と言えるだろう。話しことば的な表現が多用され、話し手の心情が吐露されるブログと相性がよい表現であると考えられる。

　また、岸本（2017）は顔文字や記号をウェブ記号と呼び、ブログにおけるウェブ記号について分析している。その結果、感動詞、形容動詞、動詞、副詞、形容詞が多く使われている文にウェブ記号が付加しやすいことや、ウェブ記号が用いられた文はそうでない文と比べて文長が短いことを明らかにしている。岸本（2017）はこの現象を、書き手の感情を勢いよく伝えるためには長々とことばを連ねるよりも短い表現が好まれるからだと分析している。「わーい」が顔文字や記号と併用されやすいことも、この分析結果と一致すると考えられる。つまり、「わーい」は書き手の感情を音声的な面からよりリアルに読者に伝え、顔文字や記号は書き手の感情を表情などの様態の面からよりリアルに伝えることができると言える。

しかし、既に見てきたように、「わーい」という語それ自体は、実際に音声で話された話しことばにおいては書きことばほど自由なふるまいをしていなかった。新しく目の前に来た料理やプレゼントなどの出現に喜ぶという場面に偏って使用されており、その使用に個人差や地域差の存在も感じられた。つまり、「わーい」は子どもや女性が歓喜を表す音声的な語として、書きことばでこそ自由にふるまえる語なのではないだろうか。書かれた文字による表現である書きことばにおいて、音声的な話しことばらしさを添加し、子どもや女性による歓喜を表す役割語的な働き（その度合いは弱いながらも）を付け加える表現だと考えることはできないだろうか。つまり、「わーい」は「書きことば偏重感動詞」なのではないか、というのが本稿の結論である。

6.　おわりに

　本稿では感動詞「わーい」を対象に、これらが話しことばと書きことばでどのように使われているかを観察した。そして、「わーい」が話しことばで自由に使用されない一方で、感情を表す音声的な語であるという性質から、書きことばに話しことばらしさを添加する語として、書きことばの場合においてこそ、より自由に使用されるのではないかと分析した。そして、これを「書きことば偏重感動詞」と名付けた。

　このような「書きことば偏重感動詞」は「わーい」に限らず、その度合いやふるまいを含め、他にも様々に見られるように感じられる。ぜひそのような語を分析してみてほしい。

付記
本稿は JSPS 科研費 18K12420 の助成を受けたものである。

注

1　この辞書では、高い(H)・中ぐらい(M)・低い(L)の3段階で音調も示されており、「わーい」は「わー」がH、「い」がMである。

2　残り2例は、「うれしそうだね」「ないと思ったときに嬉しくなるってゆう」のように後ろにモダリティ形式が付いたり、「くなる」がついて動詞化したりしており、一語で文と同等の働きをする感動詞とは働きが異なっている。そのため、この2例は「わーい」と入れ替え可能ではないが、用例数としてはこれらも全てカウントする。

3　CEJCの検索範囲を、2021年8月現在中納言で公開されている100時間分(モニター版の50時間＋追加の50時間)に拡大すると、3例の「わーい」が追加で見つかる。そのうち2例は「わーいわーい」という連続系である。3例すべてが食事場面であるが、1例は食べることを薦められた場面、連続系の2例はお土産についての話題で使用されている。ただ、これら3例に関しては、話者や発話場面等の詳細や映像が公開されていないため、会話の状況や文脈を把握することが難しく、今回の分析に含めていない。また、3例は女性1名、男性1名であったことから、女性の使用が多いというモニター版での調査結果と傾向は大きく異ならないと考える。

4　コーパスからの引用は、コーパス名の後にデータ番号を示す。

5　(4)のような「わーい」は話しことばとして調査したコーパスではこの1例だけであった。

6　具体的には、東京、神奈川、千葉、埼玉である。

参考文献

浅田秀子(2017)『現代感動詞用法辞典』東京堂出版

岸本千秋(2017)「ウェブログの計量的文体研究―文とウェブ記号の関係を中心に」『阪大日本語研究』29: pp.71–99. 大阪大学大学院文学研究科日本語学講座

岸本千秋(2018)「ウェブログの計量的文体研究―文末表現とウェブ記号との関係を中心に」『阪大日本語研究』30: pp.17–39. 大阪大学大学院文学研究科日本語学講座

金水敏(2003)『ヴァーチャル日本語役割語の謎』岩波書店

金水敏(編)(2014)『〈役割語〉小辞典』研究社

現代日本語研究会(編)(2011)『合本　女性のことば・男性のことば(職場編)』ひつじ書房

小磯花絵・天谷晴香・居關友里子・臼田泰如・柏野和佳子・川端良子・田中弥生・伝康晴・西川賢哉(2020)「『日本語日常会話コーパス』モニター版の設計・評価・予備的分析」『国立国語研究所論集』18: pp.17–33. 国立国語研究所

小学館国語辞典編集部(1995)『大辞泉第二版』小学館

日本語記述文法研究会(編)(2010)『現代日本語文法 1』くろしお出版
藤村逸子・大曽美恵子・大島ディヴィッド義和(2011)「会話コーパスの構築によるコミュニケーション研究」藤村逸子・滝沢直宏編『言語研究の技法―データの収集と分析』pp.43–72. ひつじ書房
野田春美(2012)「エッセイ末における読み手を意識した表現」『人文学部紀要』32: pp.39–54. 神戸学院大学人文学部
益岡隆志・田窪行則(1992)『基礎日本語文法―改訂版』くろしお出版
山崎誠(編)(2014)『書き言葉コーパス―設計と構築』朝倉書店
山根智恵(監修)(2013)『研究社日本語口語表現辞典』研究社

もう3杯でもひょっひょっひょって感じ。

小口悠紀子

1. はじめに

　本稿では、近年、日常会話で使用が広がっている「って感じ」という表現に注目する。話しことばには、しばしば以下のような「って感じ」を含む発話がみられる。

(1)　［オンラインセミナー中に発言者の声が聞こえない場面で］聞こえない感じで。あれ？　聞こえてます？　みんな、(聞こえないです)あ、〇〇さん多分ね、マイクが聞こえないって感じです。

（2021年9月　発話　筆者収集）

(2)　ああ、そう、そう、そう、そう。ああ、もう全然タイだしとかでもう、こう、炊き込みしてくれたら、もう、全然、もう幾らでも食べれそうやな。はははは、(W-311-1F：ははは)いやいや、もう3杯でもひょっひょっひょって感じ。　　(J-TOCC「食べること」W-311-2F)

(3)　E-210-1M：将来、何したいみたいなのないと？
　　　E-210-2F：適当に。OLやって結婚して、仕事辞めておばあちゃんになって死ぬって感じ。
　　　E-210-1M：平和じゃん。
　　　E-210-2F：平和じゃんね。
　　　E-210-1M：じゃ、あれ、専業主婦でいいやって感じなん？

（J-TOCC「夢・将来設計」）

これらの発話に含まれる「感じ」という語は、(4)の「感じ」とは少し異なるように思われる。

(4)　　美容師：今回はちょっと前髪をマニッシュな感じに仕上げてみました。
　　　　客：おっ、いい感じです。ありがとうございます。

(2021年5月　発話　筆者収集)

　(4)の会話で使われている「感じ」は本来の意味である「印象」「雰囲気」と置き換えが可能である。それに対し、(1)の「聞こえないって感じ」、(2)の「ひょっひょっひょって感じ」や(3)の「おばあちゃんになって死ぬって感じ」「専業主婦でいいやって感じなん？」という発話に含まれる「感じ」は、「印象」や「雰囲気」に言い換えがきかない。

　(1)から(3)で挙げた「って感じ」という表現は、改まった書きことばにはほとんど出現せず、主に話しことば、または、LINEなどの比較的カジュアルなコミュニケーションツールにおける談話に限って使用される。しかも、後述の通り、どんな話題かにかかわらず多数出現する。このような「って感じ」は、今までの研究において「若者ことば」の一つであり、曖昧な言い方を通して、対人関係を緩衝したり、相手との親和性を高める働きをしたりするものとして議論の対象とされてきた。確かに(1)の発話では、言いにくいことに対して断定の形を取らず、やんわりと指摘しているように受け取れる。しかし、(2)の発話において「感じ」で言及されている部分は、聞き手との関係性を考慮してなされた発言というよりは、「鯛出汁の炊き込みご飯をいくらでも食べられる様子」をより具体的な例示を出して再現することで、聞き手の理解を促進する役割を担っているように思われる。(3)の「おばあちゃんになって死ぬって感じ」も同様に、話者自身が既に述べた内容について、更に説明を加えるために用いられている。一方で、(3)の「専業主婦でいいやって感じなん？」という使用は、会話相手が発した内容について話者なりの解釈を加えてより具体化し、さらなる談話展開を促そうとしているようにも捉えられる。

このように、もし談話における「って感じ」という表現が、先行文脈の情報を補うという役割を担い、聞き手に分かりやすく伝えることや、話し手の発話内容に解釈を加え、談話をスムーズに展開することに貢献しているのであれば、単に若者特有のことばの乱れだとして片付けることは不適切である。

そこで本章では「って感じ」を取り上げ、実際の談話データをもとにその役割について考察を行う。

2. 「って感じ」に関する先行研究

2.1 「って感じ」「そんな感じ」を扱った研究

「って感じ」は先行研究において、他の表現とともに「新ぼかし表現」(陣内 2006) や「ぼかし言葉」(洞澤 2011) と名付けられ、若者特有の表現として扱われる傾向にある。陣内 (2006) では、「とか」「みたいな」「って感じ」を対象に、アンケートによる意識調査を行った。その結果、調査対象となった高校生らは、これらの表現を主に友達同士で用いるものと認識しているが、その使用については、特に意識せず用いている (43.8%)、会話がはずんでよい (29.7%) と回答した。これをふまえ陣内 (2006) は、「って感じ」を含む新ぼかし表現は改まりを減じる効果を持っており、相手との親和性を高める効果が見られるとし、相手と近づくことを使用動機とするものであると述べている。また、洞澤 (2011) は、「って感じ」を、佐竹 (1995、1997) の定義を借りて、自分の発言の正当性や妥当性に対する不安、聞き手の考えと異なることへの恐れ、またそのことによって仲間から浮いてしまうことへの恐れに対する言語的ストラテジーであると述べている。その上で、作例を用いた調査において、否定的な評価や意見を表す文脈での「って感じ」は、「かな、みたいな」と比較して、直接関与する本人より第三者に対して使用されやすい傾向があると報告している。しかし、いずれの調査もコーパスなどの自然会話を用いた検証は行われておらず、実際の談話の中で「って感じ」がどのような役割を果たしているかを考察した研究はまだない。

一方、堤(2015)は『名大会話コーパス』『日本語学習者会話データベース』
という会話のデータベースを用いて、実際の談話のやりとりの中で「そんな
感じ」がどのように使用されているのかについて調べている。堤の研究は「っ
て感じ」を直接的な対象としたものではないが、「印象」や「雰囲気」とい
う「感じ」が持つ本来の語彙的な意味から離れた機能を「そんな感じ」が談
話の中で担っていることを指摘した点で本稿の目的と通じるところがある。

(5)　　F057：なんとかモーナー。（ね。＊＊＊）シェイクスピア、シェイク
　　　　　　　スピアじゃない？
　　　　F093：シェイクスピアか、それ。そうだ。何だっけ？ヴォルデ。
　　　　F057：ヴォルデモート？
　　　　F001：そんな感じ。

　　　　　　　　　　　　（堤 2015、p.98 名大会話コーパス　data086.txt454）

　堤は(5)ような「そんな感じ」の使用は、話を切り上げたり、まとめたり
する「ブレイクダウン（言語的挫折）」の合図であると指摘しており、「そう
いうわけで」「そんなこんなで」と類似の働きをするとしている。

2.2　発話末にくる表現を扱った先行研究

　談話における「って感じ」の役割を考えるにあたっては、加藤(2005)によ
る「みたいな」に関する研究が非常に示唆的である。加藤(2005)は、話しこ
とばにおける発話末の「Yみたいな」の役割について、実例をもとに考察を
行った。その上で、「Yみたいな」の基本的な機能を、先行する談話で述べ
られた部分の精緻化だとした。ここで言う精緻化とは、先行文脈に既出のな
んらかの概念(X)を取り上げ、その状態や程度を「Xは、一例を挙げるなら
ば、言わばYだ」のような形で言語表現化して説明することであると論じた。
　例えば、次の(6)の例で見ると、「生チケット買ったぞ」という発話は、初
めてブロードウェイに行き、ミュージカルを見ようとした話者のわくわくし
た嬉しい気持ち(X)の程度を表す部分だと解釈される(加藤 2005)。

(6)　島田：「あー、買えたチケット」とか思って(笑)すごく嬉しくて。

　　　小堺：初めての生ブロードウェイ。

　　　島田：生ブロードウェイ。

　　　小堺：ええ。

　　　島田：もう、生チケットを買ったぞみたいな。

　　　　　　　　　（フジテレビ「ごきげんよう」2002.4.19、加藤 2005: 43 一部改）

　加藤（2005: 46）はこの発話を、「この嬉しさを表現するならば（この嬉しさ
は）、言わば『生チケットを買ったぞ』ミタイナ感じだ」と言い換えている。

　なお、この表現の特徴として「生チケットを買ったぞ」という発言が過去
に実在したか否かは問題とせず、成立すると述べている。

　他に発話末の「Y みたいな」が使用されるバリエーションとして、過去に
起こった発言を例示的に示すという解釈で捉えられる例もある。このような
例は、「とか言って／なんて言って」に置き換え可能であるとされる。

(7)　［修士論文で追い詰められていた時期に、先輩からの明るい声かけに
　　　救われたという文脈で］廊下で会った時に、ガンバレ！　でも、頑張
　　　りすぎるな！　全部終わって見返したら、卒論は目くそ、修論は耳く
　　　そ、博論は鼻くそやで！みたいな(笑)　　　　（2019 年 12 月筆者収集）

　ここでは、先輩が発話した内容を「全部終わって見返したら、卒論は目く
そ、修論は耳くそ、博論は鼻くそやで！」と引用し、明るい声かけの一例を
挙げている。

　ここまでをまとめると、「Y みたいな」の基本的な機能は、「先に言及した
内容の状態や程度を他のことばで叙述し、補足説明すること」である。

　先述の通り、加藤（2005）は、「Y みたいな」という表現は「X は Y みたい
な感じだ」という構文から派生したと捉えている。ここで、「って感じ」と
いう表現も、「みたいな感じ」から派生した表現だと仮定すると、その基本
的な機能も、先行する談話で述べられた部分の精緻化、いわゆる情報補足と

捉えることができるのではないだろうか。そこで、次節からは、母語話者同士の会話データに出現する「って感じ」を観察し、実例を示しながら、その機能について考察していく。

3.　母語話者同士の会話に出現する「って感じ」

3.1　分析に使用するデータと話題別の出現傾向

　日本語母語話者の発話に現れる「って感じ」を分析するにあたり『日本語話題別会話コーパス』(J-TOCC) を用いる。J-TOCC は 15 の話題について、親しい大学生同士の 1 対 1 の会話を録音、文字化したコーパスである。15 話題につきそれぞれ 120 ペア× 5 分＝ 10 時間、合計で 150 時間分の会話が収録されている。録音は 2018 年から 2019 年にかけて行われたものである。

　図 1 に話題別の使用数を示す。話題によって、多少の違いはあるものの、全ての話題において、「って感じ」の出現が見られたことが分かる。

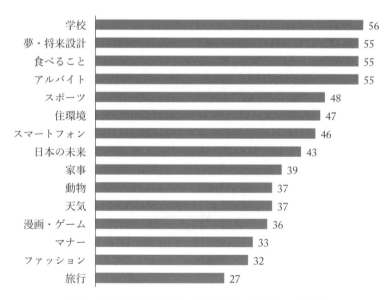

図 1　J-TOCC の各話題における「って感じ」の出現数

3.2 「って感じ」の前接表現と後接表現

　「って感じ」は、下記の事例のように、①名詞、②述語を備えた文相当の発話、③節、補語、感動詞など文には満たないが文の構成要素となる名詞以外の単位の発話など、さまざまなものに接続する。この性質は加藤（2005）で指摘された「みたいな」と類似しているが、「って」が「という」の縮約形として引用の役割を果たしていることを考えれば当然とも言える。

(8)　　食欲の秋って感じで。　　　　（J-TOCC「食べること」W-214-1M）
(9)　　均等においしいって感じ。　　（J-TOCC「食べること」E-310-1F）
(10)　ご迷惑をお掛けしました、って感じで。（J-TOCC「学校」E-302-2F）

　一方で、発話末に現れる「みたいな」との相違点は、疑問系や接続表現など多様な表現を後接できる点である。

(11)　みんなで食べるって感じやの？（J-TOCC「食べること」W-201-1M）
(12)　うん。自分がやりたいほう、働きたいって言ったら、全然働いてって感じだし、全然、そこは向こうの気持ちでいいんだけど、さすがに俺の給料じゃ、足りないって思ってんだったら、働いてって思うけどね。
　　　　　　　　　　　　　　　（J-TOCC「夢・将来設計」E-118-2M）

　それゆえ、発話末に現れる「みたいな」と比較して、話者の伝えたいニュアンスをより表しやすい表現だと考えられる。

3.3　談話における「って感じ」の役割

　これまで述べてきた通り、「って感じ」には、話者が先述した内容について更に説明を加えるために使用される場合がある。(13)では、単発アルバイトが経験値にならないという話者の意見について、「って感じ」を伴う例を複数挙げることによってより精緻化し、聞き手に伝えている。

(13)　　［単発アルバイトの経験を述べる場面で］うん、そう、やってたん
　　　　だけど、結局、単発はなんか、すごいなんかこう身を削ってってい
　　　　う（E-118-1M：そうそうそうそうそう）、なんか時間を削って働い
　　　　てるって感じ。なんか、スキルもつかないし、ただ、その時間と引
　　　　き換えにお金もらってるって感じ（E-118-1M：そう）。うーん、経
　　　　験値にはならないと思う。　　　（J-TOCC「アルバイト」E-118-2M）

　（14）では、会話の相手が先述した情報について、話者が自分なりの解釈を
加え、情報を確認すると同時に次の談話展開へとつなげている。

(14)　　E-216-1F：だからもう雨の日はバスかな、私、逆に。学内移動。
　　　　E-216-2M：あ、そうなんだ。
　　　　E-216-1F：まじで怖い。
　　　　E-216-2M：へー。あ、何、あれ、何、どっかに車停めてバスって感
　　　　　　　　　じ？　　　　　　　　　　　　　　（J-TOCC「天気」）

　　これらの会話例から、やはり「って感じ」という表現は、主に「先行文脈
に既出の何らかの概念の状態や程度性をＹで言語表現化し、具体的に描写
する」という加藤（2005: 46）で指摘された「みたいな」と同様の機能を持っ
ていると考えられる。加藤（2005: 50）のことばを借りれば、「話者の、ある
概念を自分の言葉で表現する姿勢を表している」のである。加藤（2005）では
こうした「みたいな」の働きを、話し手聞き手双方が同じ対象を違う表現で
豊かに表しながら、共感的に会話を進めていく様子を表すものであるとして
いる。本稿で対象とする「って感じ」にも同様の機能が認められると考える
が、下記で取り上げる２例は、より長い談話単位で観察することにより「っ
て感じ」が談話の中で果たす機能がより鮮明に読み取れる。
　　（15）は、話者が先述した内容に対して、（16）は会話の相手が先述した内容
に対して「って感じ」が使用されている例である。

(15)　［小学校からの友達づきあいが続いているかどうかという文脈で］

　　　W-105-1M：●悲しいな●いや、小学校続くんて、むずない？　結
　　　　　　　　構。何か。

　　　W-105-2M：うーん。でも俺は、そうでもないな。小学校のときの
　　　　　　　　（W-105-1M：うん）サッカーチームの友達とか

　　　　　　　　　　　　　　　　　（中略）

　　　W-105-2M：だからあんまり、その、その点で苦労、困ったことはな
　　　　　　　　い。（W-105-1M：うんうんうん）何かそのときだけの付
　　　　　　　　き合いで何とかやってきて、今何かそんなに友達おらん
　　　　　　　　みたいなことはない。（W-105-1M：はいはいはいはい）
　　　　　　　　え、何してたん？逆に。

　　　W-105-1M：え、めっちゃ遊んでたで。小学校のときも、家に連れて
　　　　　　　　きて、何かゲームとか、外で遊んだりとかしてたけど、
　　　　　　　　何かあれやん、中学校が地元から離れたから、それでた
　　　　　　　　ぶん、その直で地元のやつ行ったやつらは、そのまま行
　　　　　　　　けたけど、離れてもうたからって感じかな、付き合いが
　　　　　　　　なくなったって感じかな。

　　　W-105-2M：えー、何か友達少なそうなイメージ。

　　　W-105-1M：やめろ。あはははは、そんなことないわ。結構多かった
　　　　　　　　わ。あはははは、　　　　　　　　　（J-TOCC「学校」）

　　この例は、小学校の時は遊んでいたが、その友だちづきあいが今は続い
ていない理由として、「（自分が進学した中学校が地元から）離れてもうたか
らって感じかな」と述べている。加えて、中学校が地元から離れたことによ
り「付き合いがなくなったって感じかな。」というように、自分の先行発話
の内容に情報補足をすることで、聞き手の理解を促していると捉えられる。

(16)　［E-115-2M は小学生の頃から塾に通っていたため、学校に対する期
　　　待や評価が低かったという話の文脈で］

もう 3 杯でもひょっひょっひょって感じ。　27

E-115-1M：そうだね。いや、でも、あの、何か、4年になってからは、何か、全然勉強できなくなって。

E-115-2M：なんで。楽しかったから。

E-115-1M：いや、分かんない。（E-115-2M：え、ああ）何か、社会とかが、出てきてさ、（E-115-2M：ああ）何か、覚えないとできない問題とかが出されるように。

E-115-2M：じゃあ、どっちかっていうと、天才肌だったってこと、その。

E-115-1M：いや。

（中略）

E-115-2M：だから、そこで、だから、俺は小学校でさ、あの、塾、めちゃくちゃ行ってたから。

E-115-1M：ああ、そっか。塾も行ってたんだよね。

E-115-2M：あの、何か、学校は、勉強しに行くものじゃ、絶対ないって思ってたから。

E-115-1M：ああ、なるほど。勉強は塾でって感じ。なるほどね。

（J-TOCC「学校」）

　ここで、「勉強は塾でって感じ。」という発話は、先行する「学校は、勉強しに行くものじゃ、絶対ないって思ってたから」という相手の発話を自分のことばで補足し、理解したことを示していると考えられる。

　これら(15)と(16)のやりとりには、共通点がみられる。(15)は、W-105-1Mが「小学校（からの友達づきあいが）続くんて、むずない？」と述べたのに対し、W-105-2Mが「俺は、そうでもないな。」と反対の立場を表明している。(16)も、E-115-1Mが楽しかった学校生活の思い出を持っているのに対し、E-115-2Mは塾に通っていたため学校に対する期待や評価が低かったという反対の立場を表明している。そして、いずれの会話からも、過去に経験したことがない相手の立場をうまく想像できずにいることが読み取れる。例えば(15)の発話では、「え、何してたん？　逆に。」と言った発話から、

W-105-2M の立場を理解できていない様子が窺える。(16)の発話でも、先行文脈の「なんで。楽しかったから。」「いや、分かんない。」「天才肌だったってこと」「いや。」というやり取りから、お互いの発話の意図がうまく噛み合わない時間が続いていることが分かる。つまり、これらの会話における「って感じ」の使用は、会話の参加者が先行文脈において反対の立場を表明しあい共感できない様子が見られた状況で出現している。ここから、(15)は話者の先行発話に対して情報補足を行うことで、相手の理解を促すという役割を「って感じ」を含む発話に担わせていること、(16)は相手の発話を自分のことばで補足することで、内容を理解した合図を聞き手に示す役割を「って感じ」を含む発話に担わせていることが推察される。つまり、これらの会話に出現する「って感じ」は、自分、もしくは、相手が発した先行文脈の情報を補足することで、コミュニケーションがスムーズに進まない状況を打開し、共感的に会話を進めていくための重要なストラテジーであると言える。

4.　おわりに

　ここまで、母語話者の会話コーパスに基づき、「って感じ」の使用とその役割を考察してきた。その上で、談話における「って感じ」は単なる「若者ことば」ではなく、情報補足の機能を持ち、コミュニケーションを共感的にスムーズに進めるために重要な役割を果たすストラテジーとして捉え直せることを確認した。特に友人同士のある程度長さのあるやりとりにおいては、意見や立場が対立した状況で、会話がスムーズに進まない際に「って感じ」を用いて情報補足を行うことで、聞き手の理解を促進する、もしくは、自分の理解を相手に示すために用いられていた。先行研究で指摘されてきた「相手と近づくこと」や「相手への恐れや不安」を使用動機とするという解釈は、「って感じ」が持つ情報補足という機能を通して実現される、共感的に会話を進めたり、コミュニケーション上のトラブルを解決したりするという場面の一部を取り上げたものであり、根本的な機能ではないと言えるだろう。

　日本語教育の文脈で考えた場合、「若者ことば」に類するものは基本的に

は教科書に載っておらず、教える機会がほとんどない。ただし、学習者コーパスである『多言語母語の日本語学習者横断コーパス』(I-JAS)を確認したところ、ごく一部の学習者においてではあるが、母語話者と類似の「って感じ」の使用が確認される。

(17)　［韓国料理のビビンバが有名な店に行った時の経験を語っている文脈で］あの「ご飯の粒が〈ふんふん〉、潰れないように」、と、言われたんですね〈はー、そうですか〉、はい〈すごいこだわりがありますよねー〉こだわりがありますね、〈はい〉、だから、そ、だからそんな、そんな感じで有名になりました〈へー、でもスプーンを使わないとなんか混ぜるのが難しい、時間もかかりそうですよねー〉難しいですけ、ちょっとぐるん、そうなんですけど味のために、って感じで

(I-JAS 韓国語母語話者　KKR10-I)

　「って感じ」という表現は、前接、後接する文法的制約がほとんどなく、比較的自由に付与することができる。本稿で取り上げた例に加え、次の(19)の例のように、先行する相手の発話の情報を補足した上で、次の回答を引き出すストラテジーは、授業中のディスカッションにおいてもよく使われることから、日本の大学で学ぶ留学生は知っておいてもいい表現であろう。

(18)　E-216-2M：夢か。
　　　E-216-1F：急に真面目な、真面目な話になってしまって。
　　　E-216-2M：ね。やっぱり将来は教員？
　　　E-216-1F：かな。
　　　E-216-2M：ああ。高校？　中高？
　　　E-216-1F：というか、それ以外ない、職が。
　　　E-216-2M：ない、ないことはないでしょ。
　　　E-216-1F：ないことはないけど、まあ、何か自分のやってたことを
　　　　　　　　　（E-216-2M：うん）やっぱ生かしたいから。

E-216-2M：そうだよね。企業とかは考えてない感じ？

E-216-1F：企業はね、ま、いわゆる民間とか考えないね、全然。

（J-TOCC「夢・将来設計」）

　本稿では、限られた事例しか扱うことができなかったが、「って感じ」と話題との関係や他の機能への言及は、今後の課題としたい。

謝辞

本章を執筆するにあたり、帖佐幸樹氏、李在鉉氏よりデータ整理や助言を受けた。ここに記して感謝を申し上げる。

参考文献

加藤陽子（2005）「話し言葉における発話末の「みたいな」について」『日本語教育』（124）: pp.43–52. 日本語教育学会

迫田久美子・小西円・佐々木藍子・須賀和香子・細井陽子（2016）「多言語母語の日本語学習者横断コーパス International Corpus of Japanese as a Second Language」『国語研プロジェクトレビュー』6(3): pp.93–110. 国立国語研究所

佐竹秀雄（1995）「若者ことばとレトリック」『日本語学』14(11): pp.53–60. 明治書院

佐竹秀雄（1997）「若者言葉と学校文法」『日本語学』16(4): pp.55–64. 明治書院

陣内正敬（2006）「ぼかし表現の二面性―近づかない配慮と近づく配慮」『言語行動における「配慮」の諸相』pp.115–131. くろしお出版

堤良一（2015）「「そんな感じ」はブレイクダウンか？」鎌田修・嶋田和子・堤良一（編）『談話とプロフィシェンシー』pp.84–111. 凡人社

中俣尚己（2021）「日本語話題別会話コーパス：J-TOCC　解説資料」

洞澤伸（2011）「若者たちが使用する「ぼかし言葉」〜かな、〜みたいな〜と〜って感じの語用論的機能」『岐阜大学地域科学部研究報告』(28): pp.44–49. 岐阜大学地域科学部

私、現国すごい苦手で、それこそセンター試験の小説のセクションとか

栁田直美

1. はじめに

　「それこそ」は、指示詞の「それ」に「こそ」という限定を表すとりたて助詞がついた表現である。日本語記述文法研究会（編）（2009: 81）によれば、「それこそ」は、「後に続く形容について「これが最適の表現・形容である」「まさにこのことば通りである」といった意味を添えるはたらきがある」という。だが、日常会話において「それこそ」は、「これが最適の表現・形容である」「まさにこのことば通りである」という意味で使われているだろうか。

　実際の会話では、表題のような「私、現国すごい苦手で、それこそセンター試験の小説のセクションとか」のような使われ方をよく耳にする。これは、「現国」が「まさにセンター試験の小説のセクションである」という意味で使われているようには思えない。

　一方、日本語学習者の発話を思い浮かべてみると、まったくと言っていいほど「それこそ」が聞かれない。筆者は日本語教師でもあるが、そういえば、自分はこの表現を教えた覚えがないし、教科書でとりたてて扱われているわけでもない。『日本語教育語彙表』[1] にも項目として取り上げられていない。

　もしかしたら「それこそ」という表現は母語話者に特徴的な表現なのかもしれない。では、母語話者は「それこそ」を使ってどのように談話を構成しているのだろうか。

　本稿では、会話における「それこそ」に着目して日本語母語話者と日本語

学習者の「それこそ」の使用傾向の違いを明らかにし、母語話者が用いる「それこそ」が会話においてどのような役割を果たしているのかを分析する。

2. 会話における「それこそ」の機能

　先述したように、「それこそ」は、比喩表現、極端な形容や例の直前に置かれて副詞的に用いられ、「後に続く形容について「これが最適の表現・形容である」「まさにこのことば通りである」といった意味を添えるはたらきがある」とされる（日本語記述文法研究会（編）2009: 81）。しかし、加藤（2020）は、会話における「それこそ」に着目し、「それこそ」が複数の機能・意味を持つことを『名大会話コーパス』の分析から明らかにした（表1）。

表1　「それこそ」の機能・意味・発話例

①	機能：「それ」が指示する対象の強調 意味：それが特に（〜である） F130：もう職業なんか、あたしそれこそ迷う。 F109：あ、そうよねえ。 F130：一応学生って書くことにしてます。（data112）
②	機能：直後に示す対象の状態や性質の強調 意味：まさに（〜という状態である） F068：何だろう、こんなとこにね、こんなきれいなものがあってて近寄ってみたらね、このぐらいの、あの、ビロードの箱なのよね。で、開けてみようかと開けてみたら、（うん）それこそ月の雫みたいな真珠の首飾りが一連ずーっと見事なのが入ってたのよね。（data056）
③	機能：前に話題になったことと、これから話すことに共通点があることの強調 意味：さっきの話と同様に（〜である） F011：（聞き手の職業（日本語教師）についての話題の後に）わたし、フランスで、それこそ日本語教えたことあるんですけど、ちょっとだけだけど。（data007）
④	機能：前に述べたことに対する具体的な情報の付加 意味：具体的にいうと（〜である） F011：まー、住んでる人には申し訳ないけど品のない町というか。＜笑い＞ F089：あ、そうですね。品悪いですよね。 F011：それ、それこそティッシュ配りとーなんかこう（そうです）下品な感じで、ちょっとこう、危ういというか危ないというか。（data054）

⑤	機能：相手が述べたことに対する意見の付加 意味：そのことについては、まさに（～である） F080：あの、今、うち、ほら主人がいるから、私が動けないときは、あの、散 　　　歩してくれるからいいけど、犬はね、大変よ。熱が、ちょっとぐらい（そ 　　　う）熱があっても散歩に行ったりして。 F002：<u>それこそ 365 日</u>、（そうそう）<u>連れ出さなきゃならない</u>からね。（data031）
⑥	機能：相手が述べたことに関連した自身の話の展開 意味：そのことに関していえば（～である） F001：日曜日は協会の聖歌隊で大声で歌い、50 歳から始めた朝の NHK のラジ 　　　オ体操を毎日続けていますだって。＜笑い＞ F079：＜笑い＞すごいねえ。 F001：すごい。 M001：すごい人だね、これ。 F001：すごい。 M001：87 歳。 F079：そんなに年をとって困るじゃん。（＜笑い＞）それこそおいらの姉さんじゃ 　　　ないけど。90 ぐらいになるの、もう。（うん）（data076）

（加藤 2020）

　加藤 (2020) は、「それこそ」は①が基本的な機能であり、②から⑥の機能が派生的に生まれたと指摘し、①から③を「強調」に、④から⑥を「情報付加」に分類している。また、加藤 (2020) は小野寺 (2011) の「主観化」「間主観化」の概念を用いて、①の基本的な機能は②、③への移行にともなって弱まり、④で強調の機能から次第に話者自身の主観的判断・観点・意味をあらわす主観化が起こり、⑤⑥で相手とのコミュニケーション（相互作用）の中で用いられる機能・意味を帯びる間主観化に至ると分析している。

　つまり、会話における「それこそ」は、本来の機能・意味である強調だけでなく、対話的機能を担っているといえよう。

3.　分析対象と分析方法

　本稿では、『多言語母語の日本語学習者横断コーパス (International Corpus of Japanese as a Second Language：I-JAS)』を用いる。I-JAS は、日本国内・国外の初級から上級の日本語学習者 1,000 名（母語の種類 12 言語）と、20 代

から 50 代の日本語教育経験のない日本語母語話者 50 名を調査協力者とし、
①ストーリーテリング、②対話、③ロールプレイ、④絵描写、⑤ストーリー
ライティング、⑥メール文、⑦エッセイなどの 7 種類 12 のタスクを行った
ものである。

　本稿では、I-JAS のタスクのうち、調査協力者と調査実施者が 30 分程度
の自然な会話を行う「対話」を分析の対象とする。「対話」は調査実施者が
用意された話題について質問し、調査協力者が答える形で進行する。「対話」
の話題は全 15 項目で、前半は調査協力者本人に関する過去、現在、未来に
ついて話せるもの、後半には、談話レベルの発話が引き出せるよう、意見陳
述や反論ができるような話題が設定されている(迫田他 2016)。

　本稿ではまず、I-JAS の「対話」タスクのデータを用いて、母語話者と学
習者の「それこそ」の使用実態について比較する。「それこそ」の抽出にあ
たっては、「I-JAS 中納言第 5 次公開版」[2] を利用する。次に、母語話者の「そ
れこそ」に現れる特徴的な機能について、「それこそ」の前後の文脈に着目
し、会話の中でどのような役割を果たしているのかを I-JAS の母語話者の
「対話」タスクのデータを用いて明らかにする。

4.　機能別出現数の母語話者と学習者の比較

　本節では、母語話者と学習者の「それこそ」の使用傾向について分析す
る。加藤(2020)の「それこそ」の機能と意味の分類(表 1)にしたがって母語
話者・学習者別に「それこそ」の機能別出現数を集計した結果を表 2 に示す。

表 2　学習者・母語話者別「それこそ」の出現数一覧

	①	②	③	④	⑤	⑥	計
学習者	2	0	0	0	0	0	2
母語話者	1	1	9	21	0	0	32

　表 2 から読み取れる顕著な傾向は、学習者と母語話者の「それこそ」の
使用者数と出現数の差である。学習者は 1,000 名中 1 名しか「それこそ」を

使用しておらず（0.1%）、出現数は2であった。一方、母語話者は50名中12名が「それこそ」を使用しており（24%）、出現数は32であった。I-JASは、12の母語、初級から上級、国外の教室環境、国内の教室環境・自然環境など、さまざまな言語背景、学習背景を持つ日本語学習者からデータを収集している。それにもかかわらず、両者における「それこそ」の使用者数と出現頻度に差があるということは、「それこそ」が学習者にとってレベルや学習環境にかかわらず習得されにくい表現であること、また同時に、ほとんど母語話者しか使用しない特徴的な表現であることを示している。

　ここで、唯一「それこそ」を使用した学習者1名の発話[3]を見てみよう。Cは調査実施者、Kは中国（台湾）語母語の上級学習者である。

(1)　　C　はいー、あのーご両親は、こうしてほしいとかって言いません？
　　　　　　お兄さんはもう仕事をしているんですか？
　　　　K　はい今仕事してるんです
　　　　C　うーんであのご両親はあのーあなたにこうゆう仕事をつてほしいとかって言ってくれますか？
　　　　K　うーんとうーん常に言ってくれまうー常に言ってくれますでもーうーんでも私、でも私でも私にはあの自分あの自分の好きな仕事をし仕事を選んで、選んでそれがそれそれがたぶん、それこそそれこそ大事つあー大事なのだと思ってから、思っているからうん
　　　　　　　　　　　　　　　　　　　　　　　　　　　　　　　　（CCS09-I）

　1,000名の学習者の発話データにおいて2例見られた「それこそ」が、上の(1)で2度繰り返して発話された「それこそそれこそ」である。これ以外に学習者の発話に「それこそ」は出現しない。(1)においてKは、「両親がKに自分の好きな仕事を選んでほしいと思っており、それは、そのことがもっとも大事なことであると考えているからである」という文脈の中で、「好きな仕事を選ぶこと」を「それ」で指示し、「それ」が「特に（大事である）」と述べている。これは、加藤（2020）の「①「それ」が指示する対象の強調」

であり、「それこそ」の機能のうち、もっとも基本的なものである。

　一方、母語話者のデータにおいて、①から④の機能は出現していたが、「⑤相手が述べたことに対する意見の付加」と「⑥相手が述べたことに関連した自身の話の展開」の2つの機能は出現しなかった。このことは、I-JASの「対話」タスクが、加藤（2020）が分析対象とした『名大会話コーパス』のような双方向に情報を提供し合うおしゃべりの形式ではなく、調査実施者が調査協力者にインタビューを行うという形式であったことが影響していると考えられる。「対話」タスクでは、調査実施者は基本的に自身のことについて述べるのではなく質問をしながら会話を進行する役割を担っており、調査協力者が「それこそ」を用いて関連付けるための資源である「相手が述べたこと」の部分が非常に少なかった。そのため⑤と⑥の機能が出現しなかったと推測される。

　本稿では以下、母語話者による「それこそ」の使用のうち、非母語話者と比べて顕著に出現数に差のあった「③前に話題になったことと、これから話すことに共通点があることの強調」と「④前に述べたことに対する具体的な情報の付加」について会話データを分析し、その特徴を明らかにする[4]。

5.　母語話者の「それこそ」の特徴

5.1　「前に話題になったことと、これから話すことに共通点があることの強調」

　まず、「前に話題になったことと、これから話すことに共通点があることの強調」の例を見てみよう。本項では9例のうち、1例を取り上げる。以下の(2)では、Kが自分のふるさとが「アランシリトー」という作家の小説の世界観に似ていると述べている部分である。

(2)　C　えっとーそんふるさとの地域ってゆうのは何か有名な物とか周り
　　　　にあるんですか？
　　　K　有名な物ってゆうのはー、有名な物とゆうかそれこそその雰囲気
　　　　がそのさっきのアランシリトーの世界観と結構似てるところが

あってまあ、貧乏人が多い、ですね　　　［JJJ54-I　1410–1420］

　実は、(2)のやりとりの前に「アランシリトー」が話題に上っていた。それが次の(3)である。(3)では、KがCから印象に残っている本や映画などについて質問され、自分の好きな本について説明している。

(3)　　K　自分がこうゆうじん一人間だからこうゆうのが好きんなったんだろうなってゆうのあれであれば、やっぱりアランシリトーの『長距離走者の孤独』とか、あすこら辺ですかね
　　　　C　へー全然私あのわからないんですけど
　　　　K　あす、知らないすか
　　　　C　どうゆう話なんですか？
　　　　K　えっとただ単にえと文句を言ってるだけの話です｛笑｝
　　　　C　誰に対してですか
　　　　K　えっと一世の中と自分自身に対してひたすら、あのーぐ、愚痴をーこ、愚痴をゆうとゆうのが、たぶん一番あれあれでしょうね、ええ

　　　　　　　　　　　　　　　（中略）

　　　　C　感じたことをず、言ってる感じなんですか？
　　　　K　ん、ってゆうかあのー簡単にゆうとほんとにあのー、えっと、労働者階級、と言われてる人た、ま労働者階級の、若者ー、の話なんですね、で労働者階級の若者なんて別に、の、がえーとなんだかいろいろまあ不満を持ってるんですけど、ま不満をずっと永遠と、まあいる、話をして、ってゆうそんな話ですねあれはね
　　　　　　　　　　　　　　　　　　　　　［JJJ54-I　1020–1180］

　(3)でKは「アランシリトーの『長距離走者の孤独』」が好きだと述べるが、調査実施者のCは「全然私あのわからないんですけど」と返す。Kは「あす、知らないすか」とCが「アランシリトー」を知らないことを認識した

後、「アランシリトーの『長距離走者の孤独』」について、労働者階級の若者が不満を述べ続ける物語であると説明する。この話題がしばらく続いた後、CがKのふるさとについて質問することで話題が変わって(2)のやりとりが始まり、Kは自分のふるさとは「アランシリトーの世界観」に似ており、「貧乏人が多い」と述べる。

　(2)でKが述べた「有名な物とゆうかそれこそその雰囲気がそのさっきのアランシリトーの世界観と結構似てるところがあって」の「それこそ」は、直前の話題においてCが知らなかった「アランシリトー」についてKが説明し、KとCがその知識を共有したことを前提として、「私のふるさとは、先ほどの話題に出たまさにアランシリトーの小説に出てくるようなところである」と述べるために使われている。ここでKは、「それこそ」を使って、相手との共有知識を呼び起こすことで、後に続く伝えたい情報を焦点化することに成功しているといえる。

5.2　「前に述べたことに対する具体的な情報の付加」

　次に、全部で21例と母語話者の使用が最も多かった「前に述べたことに対する具体的な情報の付加」の例を見てみよう。

(4)　C　JJさん⁵は小さい頃はどんなお子さんだったんですか
　　　K　あー、<u>ちっちゃい頃</u>、それこそ三歳くらいになるまでは、なんか今じゃ考えられないって今でもあれですが、まったく話さない子ほんとに話さなくてもう病院に連れていく一歩手前まで行ってた、ぐらい、黙ってたんです　　　　　　　　　　　　[JJJ03-I]
(5)　K　まあ、時間があれば、もう、自給自足でもいいいいかなみたいなことで暮らしていけるのはできるのかなとか思いますね　その中でもまあ楽しみとか自然のたのし、まあそれこそ<u>山登ったりとかも</u>できると思うし、　　　　　　　　　　　　　　　　　　[JJJ56-I]
(6)　K　漱石が言いたかったことみたいのはわかんなくもないけど、し<u>現国</u>すごい苦手でなんかそれこそ<u>センター試験のああいう小説のセ</u>

クションとかもえーと思って、なんか選択肢の中に答えないじゃ
ん みたいな感じ　　　　　　　　　　　　　　　　　　　　　[JJJ43-I]

　(4) では「ちっちゃい頃」が具体的に何歳ぐらいなのかについて述べる
際、「それこそ」を用いて「三歳くらいになるまで」と言い換えている。(5)
では、「自然の楽しみ」の例として「山登ったりとか」を挙げる際に「それ
こそ」が用いられている。(6) では「現国」が「すごい苦手」であることを
説明する際に、「現国」の例として、「センター試験のああいう小説のセク
ション」を「それこそ」を用いて挙げている。
　言い換えたり例を挙げたりするのは、聞き手の理解を助けるために行われ
る方略であり (栁田 2015)、(4) から (6) では、聞き手が理解しやすいように
具体化するため「それこそ」が用いられているといえよう。しかし、「つま
り」や「例えば」などの他の言いかえや例示の表現ではなく「それこそ」が
使われる時には、「強調」という本来の機能を帯び、「あなたも知っているま
さにその○○」という意味を表し、聞き手の前提知識への働きかけが強まる
と考えられる。
　5.1 と 5.2 の分析結果から、「それこそ」は、話し手が聞き手に対して、お
互いが前提となる知識を共有していることを強調する形を取り、「私とあな
たは同じ情報を共有している。そうだよね。」と、参加者間の一体感を演出
する働きを担っていると考えられる。

5.3　口癖の「それこそ」

　5.1 と 5.2 の分析から、「それこそ」が会話の中で、会話参加者の一体感を
示すために使用されている可能性を指摘した。一方、「それこそ」を Google
で検索すると、「それこそ」に続くキーワード候補として「口癖」「使いすぎ」
「うざい」「嫌い」が上がっており、「それこそ」を口癖のように使う人がい
ること、また、頻繁に使われる「それこそ」が聞き手にあまりいい印象を与
えていないことがうかがえる。
　そこで、I-JAS の母語話者データにおいても「それこそ」の使用数に話者

による偏りがあるかを調べてみた。各話者の使用数を集計した結果を表3に示す。①から⑥は表1の機能を、「02」「03」などの数字は「JJJ02」「JJJ03」などI-JASのデータ識別番号の「JJJ」を省略して示したものである。

表3 話者別「それこそ」の機能別出現数一覧

	02	03	25	26	31	37	43	46	49	54	55	56
①	0	0	0	0	0	0	0	1	0	0	0	0
②	0	0	0	0	0	0	0	0	0	0	1	0
③	0	1	1	0	0	0	6	0	0	1	0	0
④	1	1	0	1	2	1	12	0	1	1	0	1
⑤	0	0	0	0	0	0	0	0	0	0	0	0
⑥	0	0	0	0	0	0	0	0	0	0	0	0
計	1	2	1	1	2	1	18	1	1	2	1	1

　表3を見ると、母語話者の「それこそ」の出現数の総計は32例だが、このうち18例がJJJ43のK（30代・女性）の発話であり、全体の56.2%を占める。また、18例中12例が「④前に述べたことに対する具体的な情報の付加」であった。(6)もJJJ43のKの発話の一つだが、その他にも以下のような発話が見られた。

(7)　　K　あー実はあのじ、あここに私一年間ポスドクでいたんですけど、あの最初実家から通ってたけど、あの、遠すぎてそれこそ一時間半とかかかるんで、あの根を上げて、西国に住んだんですけど、そこはシェアハウスだったんで、なんかそれこそ自分の空間もあるけど人とっていうのが多かったし、で、今のほんとに一人暮らしだから　　　　　　　　　　　　　　　　　　　　　　　　　　[JJJ43-I]

　(7)でKは、調査実施場所である「ここ」（東京の西部）から、「実家」（東京の東部）が「遠すぎて」と述べ、どのぐらい遠いかということを「一時間半とかかかる」と具体化して述べる際に「それこそ」を用いている。また、「シェアハウス」の具体的な説明として「自分の空間もあるけど（他の）人と（一緒の空間もある）」と述べる際に「それこそ」を用いている。

ただ、Kは、この話題の前に、自身の実家が東京の東部であることや、以前、海外で家族以外の人と共同生活をしていたことなどを話しており、(7)の「遠すぎてそれこそ一時間半とかかかる」や、「シェアハウスだったんで、なんかそれこそ自分の空間もあるけど人と」で用いられた「それこそ」は「④前に述べたことに対する具体的な情報の付加」だけでなく、「③前に話題になったことと、これから話すことに共通点があることの強調」ともとれる。このことからKは、前に出た話題を何度も参照しながら、「あなたも知っているまさにそのことを私は話しているのだ」ということを示していると考えられる。Kはこのような聞き手への働きかけの強い表現を約30分の対話の中で18回（約2分に1回）も使用しているわけで、聞き手にとっては一体感の押し売りのような状態になっている。このことからもわかるように、頻繁な「それこそ」の使用は、結果として、「押しつけがましくてうざい」という印象を聞き手に与えてしまう可能性を含んでいるといえよう。

6.　おわりに

　本稿では、会話における「それこそ」に着目し、日本語母語話者と日本語学習者の「それこそ」の使用傾向の違いを明らかにし、母語話者が用いる「それこそ」が会話においてどのような役割を果たしているのかを分析した。

　まず、母語話者と学習者の「それこそ」では使用者数、出現数ともに差が見られ、母語話者の使用が顕著に多かった。この結果から、「それこそ」は日本語レベルが上級であっても、自然環境の学習者であってもほとんど習得されない特異な表現であるということができる。このことは言い換えれば、「それこそ」が使えればかなり「母語話者らしい」ということになる。

　しかし、本稿で分析した「それこそ」は、話し手が聞き手の前提知識や前に出た話題を呼び起こし、それを共有しているという一体感を演出しようとする表現である。これは、会話参加者がお互いに知識を共有していることが前提であり、そうでない場合は使えない。また、頻繁な使用は聞き手に押しつけがましい印象を与える可能性があり、ある意味では母語話者、学習者に

かかわらず「危ない」表現であるともいえる。そのため日本語教育で扱うためには慎重を期さなければならない。しかし、本稿の分析によって、会話における「それこそ」は単なる強調ではなく、聞き手の注意を引きつつ言いたいことに焦点を当てるという、談話構成上の重要な役割を担う表現の一つであることを明らかにできたのではないだろうか。

注

1　『日本語教育語彙表』http://jhlee.sakura.ne.jp/JEV/　『現代日本語書き言葉均衡コーパス（BCCWJ）』や日本語教科書のコーパスの語彙調査によって作成された日本語教育のための語彙表。

2　中納言バージョン 2.4.5、I-JAS データバージョン 2021.05 版を使用した。

3　発話例では発話途中に挿入される「〈うん〉」や「〈へー〉」などの調査実施者のあいづちを省略して示す。

4　「それこそ」の②（機能：直後に示す対象の状態や性質の強調）については、非母語話者は 0 例、母語話者には 1 例出現したのみで、特徴的な傾向が見られないため、本稿の分析の対象からは除くこととする。

5　ここで「JJ」は「K」を指す。

参考文献

小野寺典子 (2011)「談話標識（ディスコースマーカー）の歴史的発達―英日語に見られる（間）主観化」高田博行・椎名美智・小野寺典子編『歴史語用論入門―過去のコミュニケーションを復元する』pp.73–90. 大修館書店

加藤恵梨 (2020)「会話における「それこそ」の機能」『日本認知言語学会論文集』20 巻、pp.407–413. 日本認知言語学会

迫田久美子・小西円・佐々木藍子・須賀和香子・細井陽子 (2016)「多言語母語の日本語学習者横断コーパス International Corpus of Japanese as a Second Language」『国語研プロジェクトレビュー』第 6 巻 3 号：pp.93–110. 国立国語研究所

日本語記述文法研究会（編）(2009)『現代日本語文法 5』くろしお出版

柳田直美 (2015)『接触場面における母語話者のコミュニケーション方略―情報やりとり方略の学習に着目して』ココ出版

第 2 部　学生とのやりとりから

教授のおっしゃるとおりです。

山内博之

1.　はじめに

　2020年度はコロナ禍に見舞われた一年であり、大学においてもオンラインでの教育を余儀なくされた。そのため、通常は教室で行なうはずのゼミの卒論指導も、ネット上の掲示板を用いて行なうことになった。次の(1)は、筆者の指導に対する、あるゼミ生の書き込みである。

(1)　　返信ありがとうございます。
　　　確かに教授のおっしゃる通り、「今」は「しか・だけ・こそ」と相性がいいことから、「時」だけでなく「機」のような意味もあるのではないかと感じました。

　これは、指導教員である筆者に宛てて、あるゼミ生が掲示板に書き込んだコメントなのであるが、筆者はこの中の「教授」という語の使用に違和感を覚えた。違和感を覚えるか否かは人によって違うかもしれないが、筆者は、「確かに教授のおっしゃる通り」と言われたり書かれたりすると、どうしても違和感を覚えてしまう。
　上記の「教授」を「先生」や「山内先生」に変えれば違和感はなくなる。また、もしこれを英語で言うなら、「教授のおっしゃる通り」は「as you said」で問題はないだろう。つまり、上記の「教授」は二人称代名詞のように使用されているということである。「先生」や「山内先生」は二人称代名

詞として機能し得るが、「教授」は二人称代名詞としては機能していないようである。

　ちなみに、このゼミ生がゼミの仲間に以下のように話したとしても、筆者は違和感を覚える。

(2)　　掲示板で教授からコメントをもらったよ。教授に質問したら、いろいろ丁寧に教えてくれるよ。

　「教授」ではなく、やはり「先生」と書いてほしいと思う。「教授」は、三人称代名詞としても使用しにくいということである。また、「教授」は、一人称代名詞としても使用しにくい。教師自らが「今から教授が格助詞について説明します。」などと言うことはまずないであろう。

　この論文の目的は、(1)における「教授」の使用がなぜ不自然であると感じられるのか、その理由を明らかにすることである。具体的には、「教授」という語がなぜ代名詞として使用しにくいかを説明する。

2.　辞書の記述

　まず、「教授」という語が辞書でどのように説明されているかを見てみる。以下は、『精選版　日本国語大辞典』における「教授」の記述である。

　　きょうじゅ【教授】〔名詞〕
　　①(―する)学問や技芸などを継続的、組織的に教え授けること。また、
　　　その人。
　　②大学や高等専門学校、旧制高等学校などの教員の職階の最高位。ま
　　　た、その人。
　　③「きょうじゅあじゃり(教授阿闍梨)」の略。

　①は、「教授する」というサ変動詞の語幹のことである。①の「教授」は

名詞ではあるが、動作性の名詞であるので、(1) で使用された「教授」とは性質の異なるものである。

②は、大学などでの最高位の職階、もしくは、その職階にいる人のことである。(1) で使用された「教授」は、②の後者の意味である。しかし、この記述を見ても、なぜ(1) の「教授」の使用が不自然なのかはわからない。

③の「教授阿闍梨」は仏教用語なので、(1) の「教授」とはまったく関係がない。

このように、辞書の記述を見ても、(1) の「教授」の不自然さは説明できない。3 節以降では、「教授」の用例を分析し、なぜ(1) の「教授」の使用が不自然なのかを明らかにする。

3. 用例の分類（1）

分析のための用例は、『現代日本語書き言葉均衡コーパス（BCCWJ）』の「少納言」を用いて収集した。2021 年 1 月 7 日に「少納言」で「教授」を検索し、6,918 例がヒットした。このうちの、画面に表示された 500 例を分析対象とし、エクセルにコピーした。そして、その 500 例の用例を読み、分類を試みた。

具体的には、「①不明」「②無関係な語」「③サ変動詞語幹」「④職階」「⑤複合語」「⑥臨時一語」「⑦人」という 7 種類に用例を分類した。次の表は、それぞれの分類ごとの用例数を示したものである。

表 1 「教授」の分類結果

分類	例	用例数
①不明	―	1
②無関係な語	「助教授」「准教授」など	48
③サ変動詞語幹	「技能を教授され」「教授法」など	49
④職階	「教授という肩書」「教授昇任が認められ」など	23
⑤複合語	「大学教授」「教授会」「主任教授」など	63
⑥臨時一語	「組織名＋教授」「名前＋教授」など	204
⑦人	―	112

「①不明」は、用例を読んでも、そこで使用されている「教授」の意味がつかめなかったものである。「少納言」で検索すると、検索語の直前の40文字と直後の40文字が表示される。つまり、検索語を中心に80文字が示されるわけなのであるが、その80文字を読んでも情報が足りず、「教授」の意味がつかめないものが1例あった。

「②無関係な語」は、「教授」という文字列がたまたま語の中に含まれているために、無関係だが検索されてしまったという語である。具体的には、「助教授」「准教授」「正教授」の3種類があった。

「③サ変動詞語幹」は、『精選版　日本国語大辞典』の記述の①に当たるものである。「技能を教授され」のように「教授」に「する」が付加されている例もあったが、「教授法」のように「する」が付加されていない例もあった。「する」が付加されていなくても、「教授」の意味が動作性を帯びていれば、この分類とした。

「④職階」は、『精選版　日本国語大辞典』の記述の②に当たるものであり、「大学や高等専門学校、旧制高等学校などの教員の職階の最高位」という意味のものである。「教授という肩書」「教授昇任が認められ」などの例が、この分類の例として挙げられる。

「⑤複合語」というのは、名詞「教授」と他の語が組み合わさってできた語のことである。「客員教授」「看板教授」「売れっ子教授」などがその例である。ただし、「大学教授」「教授会」「主任教授」などのように1語として辞書に立項されているものでも、名詞「教授」の意味が残存しているのであれば、「⑤複合語」に含めることにした。

「⑥臨時一語」というのは、「東北大学農学部教授」や「野依良治教授」のように臨時的に1語になっているものである。「組織名＋教授」と「名前＋教授」というパターンがほとんどであったが、まれに「英語教授のポスト」のように「科目名＋教授」という構成のものもあった。

「⑦人」は、500例から「①不明」「②無関係な語」「③サ変動詞語幹」「④職階」「⑤複合語」「⑥臨時一語」を除いた112例である。この112例をすべてチェックしたが、実際に、すべて「教授」が「人」を表す用例であった。

冒頭で、不自然な使用の例として挙げた(1)の「教授」は、「人」を表すものである。そして、単に「人」を表すというのみでなく、代名詞的に「人」を指し示しているものである。次の4節では、3節で分類した「⑦人」の中から、代名詞的に「人」を指し示している用例を取り出すべく、さらに分類を続けていく。

4.　用例の分類（2）

　3節では、「⑦人」に分類された用例、つまり、「教授」が「人」を表している用例が112例あることが明らかになった。続く4節では、「⑦人」に分類された112例をさらに分類し、代名詞的に「人」を指し示している用例を取り出す。具体的には、以下の下位分類に基づいて、順次、不必要な用例をそぎ落としていく。

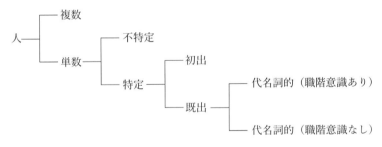

図1　「人」の下位分類

　まず、112例の中から、「教授」が「複数」であることが明らかな例を取り除く。(1)の「教授」が指し示す対象は1名（単数）なので、複数を指し示す用例は不必要だからである。具体的には、「教授」の直後に「陣」か「たち」が付され、「教授陣」「教授たち」となっている用例を取り除いた。そのような用例は11例あった。
　「複数」を指し示す用例を取り除いた残りは「単数」を指し示す用例である。次に、この中から「不特定の個人」を指し示している用例を除く。「不

特定の個人」を指し示している用例とは、以下のような用例である。なお、検索語となっている「教授」には二重下線を付してある。

(3)　シ、調理とお菓子づくりなど、クリエイティブな活動が取り組まれている。講師は美大の<u>教授</u>や料理学校のスタッフである。講座に出て腕を上げるのもいいし、自分たちでパーティー

(4)　ング・マシンで勉強する。教室に据えられた機械によって講義を受けるのだ。有名でない<u>教授</u>は、機械が故障した時だけ代講をやる。その間売れっ子教授の方は、テレビでティーチン

(5)　好きだあ、と思ったのだが、サウス・パークス・ロードに街路樹はあっても立ち話をする<u>教授</u>はいなかった。サウス・パークス・ロードはこれまでたどってきた道のなかでいちばん

　上記の (3)(4)(5) で示された「教授」は不特定の個人であり、名前を挙げることができない。このような「不特定の個人」を表す用例は 27 例あった。

「不特定の個人」の用例を取り除くと、残るは「特定の個人」を表す用例である。次は、この「特定の個人」を表す用例の中から、その個人がそのテキストで「初出」である用例を取り除く。「初出」である用例を取り除く理由は、この分類の目的が代名詞的な用法を最後に残すことだからである。もし当該の「教授」がそのテキストで「初出」なのであれば、代名詞的ではあり得ない。代名詞とは、その人物の 2 度目以降の登場から使用し得るものであって、「初出」の人物には、普通は使用しないからである。

　ただし、その個人が「初出」であるか否かを正確に判断するのはかなり困難なことである。なぜかと言うと、「少納言」で検索されて取り出される用例には、検索語の前後合わせて 80 文字しか情報がないからである。そこで、その 80 文字を読んだ限りで「既出」であることが確認できない場合には、「初出」であると判断することにした。「初出」であると判断された用例は、以下のような用例である。

(6)　彼女には夢があった。そのきっかけになったのが、小学校 5 年生の時に出会ったひとりの<u>教授</u>。「日本でバイオリンの国際コンクールがあった時に、審査員で訪れていたリスト音楽

(7)　は、そういうひどい教授はずっと以前からたくさんいたんだよ。おれが教わった英文学の<u>教授</u>なんてものはさ、いちいちこまかいこと説明するのが面倒臭いからって、省略する部分を

(8)　したんだな。ところが当の教育大の学者は、非常に怒るわけだ。僕の友人にも教育大の<u>教授</u>がいたけれど、「筑波なんかに行ったら情報が少ない。出版社とのつき合いもなくなる

　上記の (6) (7) (8) は、「少納言」によって与えられたテキストを読む限りにおいては、当該の「教授」が「既出」であるという証拠はない。そのため、「初出」であると判断した。このようにして「初出」であると判断された用例は、12 例であった。

　以上のようにして、3 節で「⑦人」に分類した 112 例から、「複数」の 11 例、「不特定の個人」の 27 例、「初出」の 12 例を取り除いた。その結果、残ったのは 62 例である。そして、この 62 例が、「人」の中の「単数」の中の「特定の個人」の中の「既出」の例、つまり、代名詞的用法の例である。

　この代名詞的用法の 62 例を見ていくと、大学や学生のことを述べている文脈で使用されている例が 30 例あり、大学や学生とはまったく関係のない文脈で使用されている例が 32 例あった。つまり、同じ代名詞的用法の中にも、「教授」という職階意識があって「教授」を代名詞的に使用している例と、「教授」という職階意識がまったくないと思われる状況で「教授」を代名詞的に使用している例があるということである。

　80 文字の情報しか与えられていないという制約上、この 2 つのいずれであるかを正確に判断することは困難なことではあるが、その 80 文字の中に「大学」「学生」「ゼミ」「試験」「研究」などの語があり、「教授」という職階にある人物が登場するにふさわしい文脈であると判断できる場合には「職階意識あり」と判断し、そうでない場合には「職階意識なし」と判断した。

これら2種類の代名詞的用法の詳細は5節と6節で述べるが、とりあえず、ここで、4節で行なった「人」の下位分類の結果を以下に示しておく。

表2 「人」の下位分類

「人」の下位分類	用例数
人：複数	11
人：単数：不特定の個人	27
人：単数：特定の個人：初出	12
人：単数：特定の個人：既出（代名詞的：職階意識あり）	30
人：単数：特定の個人：既出（代名詞的：職階意識なし）	32

5. 職階を意識した代名詞的用法

では、次に、「教授という職階を意識した代名詞的用法」について述べる。まず、以下の用例を見ていただきたい。以下は、「職階を意識した代名詞的用法」の用例である。

(9) している日本の女子学生に頼んで、経済学者のポール・サミュエルソンに会った。二階の<u>教授</u>の研究室を訪れた私が、一週間ほど前に北京の社会科学院で中国の学者と会ってきたと知

(10) のひたむきな向上心と、教授の得意とする科学を用いて、上達しているようだ。そこで、<u>教授</u>のいう、「数多くある科学的上達法」のうち、現在多くのゴルファーが悩んでいる2点に

(11) 心理学は心理学の応用分野としてでなく独自の体系として樹立しなければならないとする<u>教授</u>の立場などを、情熱的に話してくださったことを、いまでも鮮明に想い起こすことができ

上記の「教授」は「氏」「○○氏」「先生」「彼・彼女」などと互換可能であるが、「教授」という語を使用することによって、「権威ある専門家である」というニュアンスが醸し出されているように思われる。

続いて、次の用例も見ていただきたい。次の用例も「職階を意識した代名

詞的用法」の用例である。

(12)　だ。」そう思った賢治は、盛岡高等農林学校に入学する。成績は優秀。卒業のときに、<u>教授</u>から、研究室に残って学者の道に進まないかとさそわれる。でも賢治は、それを断る。そ

(13)　んでいた。それは学生時代の思い出のせいでもあった。ある専門科目の閉講後に、その<u>教授</u>が、「君は野村に行くんだって？　一体、行きたくて入社したのか。ほかに何もなくて

(14)　証明する調査でいいですから」と再度お願いし、やっと許可をいただくことができた。<u>教授</u>とゼミ員一〇名が調査に行ったのは、すでに夏休みも終わりに近い八月下旬のことだった

　上記の「教授」は「先生」「〇〇先生」などと互換可能である。しかし、「教授」を使用することによって、より堅苦しく、距離を感じさせるニュアンスが醸し出されているように思うが、いかがであろうか。

6.　職階を意識しない代名詞的用法

　次に、代名詞的用法のもう１つのグループである「教授という職階を意識しない代名詞的用法」について見ていく。ちなみに、「教授という職階を意識しない代名詞的用法」の用例数は 32 である。

　このグループの特徴は、用例の出典にある。ジャンルで言えば、まず、「ミステリー」「ファンタジー」「SF」という、現実世界とは離れた世界を描いている読み物が多い。それらから取り出されてきた用例を合計すると 17 例になり、32 例の過半数を占める。以下に、「ミステリー」「ファンタジー」「SF」に該当するすべての出典の執筆者名と書名を挙げる。同じ出典から複数の用例が取り出されている場合には、出典の末尾に用例数を示す。

・ミステリー

①霧舎巧『ラグナロク洞―《あかずの扉》研究会影郎沼へ―』(2例)

②篠田秀幸『悪夢街の殺人』(2例)

③はやみねかおる『いつも心に好奇心！―名探偵夢水清志郎 vs パソコン通信探偵団―』(2例)

④高田崇史『QED ―ベイカー街の問題―』

⑤高嶋哲夫『トルーマン・レター』

⑥実著者不明『名探偵ホームズ―劇場版―』

・ファンタジー

①高野史緒『ムジカ・マキーナ』(2例)

②伊神貴世『イゾルデの庭』(2例)

③吉川良太郎『ギャングスターウォーカーズ―パルプ・ノワール―』

④恩田陸『ネクロポリス』

・SF

①中里融司『星忍母艦テンブレイブ』

②田中芳樹『戦場の夜想曲―傑作スペース・アドベンチャー―』

　以上の作品では、現実とは離れた世界が描かれているので、そこに登場する「教授」に対して「教授」という代名詞を使用したとしても、現実世界とは異なる使用法である可能性がある。

　また、海外の作家が書いた作品を翻訳した、いわゆる「翻訳もの」から取り出されている用例も比較的数が多く、用例数は8であった。以下に、それらの執筆者名と書名を挙げる。

・翻訳もの

①ウィンストン・グルーム『フォレスト・ガンプ』(3例)

②ベティ・ニールズ『愛を演じて』(2例)

③ピーター・ディキンスン『エヴァが目ざめるとき』(2例)

④ニーナ・エリス『100歳まで生きてしまった』

　また、「Yahoo! ブログ」からの用例も2例あった。
　「翻訳もの」と「Yahoo! ブログ」の日本語は、あまりこなれた日本語とは
言いにくい場合もあり、したがって、代名詞としての「教授」の用法も、今
の日本における用法とは異なったものである可能性がある。
　「ミステリー」「ファンタジー」「SF」という、現実世界とは離れた世界を
描いた出典から得られた用例と、「翻訳もの」「Yahoo! ブログ」という、こ
なれた日本語で書かれていない可能性のある出典から得られた用例の合計
は、27例である。「教授という職階を意識しない代名詞的用法」の用例数は
32なので、32例中27例がワケありの用例だということになる。
　参考のために、残りの5例の出典の執筆者名と書名を、以下に記しておく。

・その他
①カズマ『実録鬼嫁日記―仕打ちに耐える夫の悲鳴―』
②長尾龍一『"アメリカの世紀"の落日―「極東文明化」の夢と挫折―』
③中上紀『パラダイス』
④曽野綾子『至福―現代小人伝―』
⑤大小原公隆『裏切り―野村証券告発―』

　具体的にどのような用例が取り出されていたのかを見るために、「ミステ
リー」「ファンタジー」「SF」「翻訳もの」「Yahoo! ブログ」のそれぞれから1
例ずつ用例を取り出し、順に以下に示す。

(15)　？」「なるほど、そう勘違いするか」名探偵は感心したように腕を組
　　　んでから、「教授が文字を残したのは〈死に際〉じゃない。犯人に襲
　　　われる前だ」「はあ？」「今朝、
　　　　　　　（霧舎巧『ラグナロク洞―《あかずの扉》研究会影郎沼へ―』）
(16)　せず、ふらふらと二、三歩後退して、車輪止めの石に腰を下ろしてし

まったのである。「教授？」返事はなかった。彼の様子は明らかに普通ではない。この寒空の下でしたたり落ち

（高野史緒『ムジカ・マキーナ』）

（17）　とができていた。同情の瞳を向けるアキに、キオは仕方ないとばかりに嘆息した。「<u>教授</u>の用は、僕の去就のことだった」ぽつりと言った言葉に、アキは眉を顰め、瞳に硬質の

（中里融司『星忍母艦テンブレイブ』）

（18）　だった。目が回るのがようやくなおってきたと思ったら、いきなり足首をつかまれた。<u>教授</u>だ。そのままリングにあがってくる。おまけに、おばあさんからうばった毛糸玉でぼくの

（ウィンストン・グルーム『フォレスト・ガンプ』）

（19）　らん。むむむ、タイヘンだ。ちなみに教授にオススメしてきたのは「テニスの王子様」。<u>教授</u>のマンガの趣味などを伝えたところ、純粋に「最近のを読みなさいよ」というところにな

（Yahoo! ブログ）

　冒頭の（1）で挙げた「教授」の用例は、大学におけるゼミ指導という、まさに日常の一コマの中で使用されたものである。一方、（15）～（19）に示した用例は、我々の日常の場からは少し離れたものであるように感じられるのではないだろうか。

7.　おわりに

　「教授」という語の使用が不自然なものとして感じられた（1）の例を、再度ここで示す。

（1）　返信ありがとうございます。
　　　確かに教授のおっしゃる通り、「今」は「しか・だけ・こそ」と相性がいいことから、「時」だけでなく「機」のような意味もあるのではないかと感じました。

この例における「教授」の使用は、代名詞的な用法によるものであると判断できる。本稿において、これまでに見てきたように、「教授」の代名詞的な用法には、「教授という職階を意識した用法」と「教授という職階を意識しない用法」がある。

　(1)における「教授」の用法が「教授という職階を意識した用法」であるとすると、筆者が「権威ある専門家」である、もしくは、筆者と当該の学生とが、距離のある堅苦しい関係である、というように解釈できてしまうのではないか。

　また、もし「教授という職階を意識しない用法」だとすると、我々の日常生活の中で使うには、まだこなれていない用法である、というように判断されてしまうのではないだろうか。

　以下に、(1)の「教授」の使用が不自然に感じられる理由をまとめる。

(20)　「教授」という語を学生が代名詞的に使用すると、教師との関係が、
　　　距離のある堅苦しいものであるように感じられてしまうか、もしく
　　　は、まだこなれていない使い方をしているように感じられてしまう。

　なお、「蛇足」と言うべきか「発展」と言うべきかはわからないが、用例の出典に関しては興味深い事実がある。次の表3は、「教授という職階を意識した代名詞的用法」30例と「教授という職階を意識しない代名詞的用法」32例の出典を比較したものである。

表3　代名詞的用法の職階意識の有無による出典の比較

分類		用例数	
		職階を意識した用法	職階を意識しない用法
架空の世界	ミステリー	1	9
	ファンタジー	0	6
	SF	0	2
こなれていない日本語	翻訳もの	9	8
	Yahoo! ブログ	0	2
	Yahoo! 知恵袋	1	0
その他		19	5

「職階を意識しない用法」に「翻訳もの」が多いことは先ほど述べたが、この表を見れば明らかなように、「職階を意識した用法」においても、「翻訳もの」の用例数は多いし、「Yahoo! 知恵袋」からの用例もある。しかし、「職階を意識した用法」には「ミステリー」「ファンタジー」「SF」からの用例がほとんどない。一方、先ほども述べたように、「職階を意識しない用法」においては、「ミステリー」「ファンタジー」「SF」という架空世界での「教授」の使用が顕著に多い。

　「翻訳もの」の用例が両者に多いということは、職階を意識してもしなくても、「教授」の代名詞的な用法にはまだ「バタ臭さ」が残っており、あまりこなれた用法ではないと考えられるのではないだろうか。

　そして、「職階を意識しない用法」が架空世界を描く作品でしばしば使用されているということは、大学や大学病院などというリアルな場面設定をしなくても、「教授」というキャラは使用しやすいということなのではないか。

　このことは、おそらく役割語とも関係があるだろう。「教授であればこんな話し方をしそうだ」という認識は一般に持たれやすい。そのため、大学や大学病院などというリアルな場面が設定されていなくても、「教授」が登場するだけで、登場人物としてのイメージがわくのではないだろうか。

参考文献

金水敏（2003）『バーチャル日本語　役割語の謎』岩波書店
小学館編（2006）『精選版　日本国語大辞典』小学館（電子辞書）

大学生って生徒なの？

建石始

1. はじめに

　英語に"student"という単語があるが、それを翻訳するとどのようになるだろうか。おそらく「生徒」や「学生」という表現が浮かんできたのではないだろうか。では、次のような例文に対してどのような印象を持つだろうか。

(1)　（ある大学にて）
　　　A：コロナの影響でなかなか対面授業がなく、大学に行くことができていません。大学に行って対面授業を受けたいという<u>一人一人の生徒</u>の気持ちを理解してください！
　　　B：……

　(1)において、Aは大学生であるにもかかわらず、「生徒」という単語を使用している。『日本国語大辞典　第二版』によると、「生徒」は以下のように定義されている。なお、「生徒」と比較するために、「学生」と「児童」もあわせて掲載する[1]。

　　「生徒」：学校などで教えを受ける人。現在はふつう、大学の学生や小学校の児童に対し、高等学校・中学校で教育を受ける者をいう。
　　「学生」：①学問をしている人。現在は普通、高校生以上、特に大学に通って学ぶ者をいう。

②旧陸海軍諸学校の准士官以上の生徒。

「児童」：①心身ともまだ十分に発達していない者。こども。わらべ。童児。

現在は、特に小学校に学んでいる子どもをいう。学童。

②児童福祉法で、18歳未満の者。乳児、幼児、少年に分ける。

『日本国語大辞典 第二版』の説明によると、基本的に、中学生と高校生には「生徒」、大学生には「学生」、小学生には「児童」が使用されることがわかる。では、実際に「生徒」は中学生・高校生に対してのみ使用されているのだろうか。大学生や小学生などに対して「生徒」は使用されていないのだろうか。また、「生徒」の使用にはどのような特徴があるのだろうか。

2. 「生徒」が使用される対象について

2.1 「生徒」の調査方法

「生徒」が使用される対象を調査するために、『現代日本語書き言葉均衡コーパス』(BCCWJ)を用いた。具体的な検索方法であるが、「中納言」(バージョン 2.6.0。データバージョン 2021.03)の長単位検索を用いて、「キー」の「語彙素」が「生徒」でデータをダウンロードした。短単位検索では、「生徒会」や「生徒指導」といった複合名詞の一部もデータに含まれてしまい、「生徒」が使用される対象を調査するのが煩雑になるため、長単位検索で「生徒」のみのデータを収集した。

上記の検索を行った結果、4,150件のデータを得ることができた。それらのデータをもとに、どのような対象に対して「生徒」が使用されているのかを調査した。具体的な調査方法であるが、「生徒」の前後100語の文脈から使用される対象を確認した。また、前後100語で判断できない場合、「中納言」で扱うことができる最多語数の前後500語まで文脈を拡大して、1件ずつ目視によって確認した。

2.2 「生徒」の分類基準

上記の方法で収集した「生徒」について、本来の定義である「中学生・

高校生」の他に、「小学生」、「大学生」、「その他」、「不明」という５つに分類した。「その他」については、まず学習塾や予備校といった「塾」の「生徒」（例文(2)）、音楽学校や英会話学校といった「各種学校」の「生徒」（例文(3)）、陶芸教室や茶道教室といった「各種教室」の「生徒」（例文(4)）を抽出した。

(2)　立派な子育てとは、いかに手を抜くかである。塾の生徒がよく今日も親に怒られたとか叩かれたとか言っているのを聞いて、日本人の躾について考えさせられる。　　　　　　　　　（BCCWJ，PB12_00341）

(3)　また指揮者を正面から見ることができ、しかもたいていは一番安い席ですから音楽学校の生徒などがよく利用します。

（BCCWJ，LBl7_00024）

(4)　その時点ではまだ、美術館を作る自信はなかったから、「当分は、陶芸教室の生徒の作品展をやったり、小さなセミナーを開いたりの、多目的ホールとして使えばいいや」と思っていた。

（BCCWJ，LBk0_00002）

　また、アメリカやイギリスといった海外作品で使用される「生徒」、および旧制学校などの過去の制度における「生徒」は、現在の「中学生・高校生」という定義が当てはまらない可能性が考えられるため、「その他」の中の「海外・過去」として位置づけた。ただし、海外作品や過去の制度におけるものでも、中学生や高校生であることが明確に認められる場合は「中学生・高校生」に含めている。

　さらに、「自衛隊」の「生徒」（例文(5)）や「道場」の「生徒」（例文(6)）のような例も見つかったので、それらは「上記に当てはまらないもの」として扱った。

(5)　まず、募集要員の最下限の年齢でありますが、自衛隊の生徒というのがございます。　　　　　　　　　　　　（BCCWJ，OM62_00001）

(6)　　千九百六十九年に新潟市に戻り、空手道場を開いた。しかし、生徒が
　　　思うように集まらなかったため、「人があまりやりたがらないので商
　　　売になりそうだし、元手もいらない」という理由から、七十年2月、
　　　個人事業としてネズミ・ゴキブリの駆除を細々と始めた。

（BCCWJ，LBr3_00049）

　前後500語まで文脈を拡大しても、「生徒」が何を表しているのかが判断
できないものを「不明」とした。
　これらの基準をもとに、4,150件の「生徒」を分類したものが表1となる。

表1「生徒」が使用されている対象

対象名		件数（件）	割合（%）
中学生・高校生		2,596	62.6
小学生		130	3.1
大学生		37	0.9
そ の 他	塾	51	1.2
	各種学校	582	14.0
	各種教室	68	1.6
	海外・過去	286	6.9
	上記に当てはまらないもの	49	1.2
不明		351	8.5
合計		4,150	100

　「生徒」の定義として示されている「中学生・高校生」であるが、全体の
6割以上で使用されている。また、「生徒」には「学校などで教えを受ける人」
という定義もあったが、「塾」が1.2%、「各種学校」が14.0%、「各種教室」
が1.6%となっていた。いずれも「先生」、「教師」、「教員」といった指導者
が関係しており、「中学生・高校生」と合わせると全体の8割近くで、かな
り高い使用率となっている。
　一方、「生徒」の定義に含まれない「小学生」や「大学生」はそれぞれ
130例（3.1%）、37例（0.9%）となっており、あまり使用されていないことが
分かる。本稿のタイトルは「大学生って生徒なの？」であるが、「大学生」
に対して使用された「生徒」にはどのような特徴があるだろうか。

37例の「生徒」の全てに共通する特徴は見られなかったが、大きく分けると3つの特徴や傾向が見られた。一つ目の特徴は、「先生」や「教師」とともに「生徒」が使用されているというものである[2]。

(7)　コネクションがあったら、今年の国家試験の編集委員のいる大学の学生に問題集がもらえたらいいですね。編集委員の先生も自分の生徒には合格してもらいたい物です。　　　　　　（BCCWJ，OC09_10571）

(8)　そのようなわけで学部の頃から大学院を通じ、神藤先生およびそのご家族とは、単なる教師と生徒の関係を越えて親しくしていただいていたと思う。　　　　　　　　　　　　　　（BCCWJ，PB21_00034）

　(7)では、薬剤師の国家試験に関する話題であるが、その編集委員の先生の学生(大学生)のことを「生徒」として表している。また、(8)は話し手が神藤先生との思い出を語る場面で、神藤先生との関係を表すのに「生徒」を使用している。本来であれば、これらは「学生」や「院生」(「大学院生」)という表現が適切であるが、「教え子」という意味で「生徒」が使用されたものである。
　二つ目の特徴は、海外を舞台にした作品では、「学生」の代わりに「生徒」が使用されている場合があるというものである。

(9)　実はノース・テキサス大学でも会計があって、長期介護を選択する生徒は、必須科目として要求されていた。私は会計など学ぶのは、地球最後の日だと固く信じていたので、鼻もひっかけなかったのだ。　　　　　　　　　　　　　　　　　　（BCCWJ，LBh3_00039）

(10)　医科大学、科学技術大学、黒竜江大学、師範大学、四校の日本語科に話を持ちこんだ。ところが四校のうち三校の日本語科の先生が『生徒もいいが、私自身を雇ってくれないか』と申し出てこられたのには、驚きました。　　　　　　　　　　　　　（BCCWJ，LBh9_00132）

　(9)はアメリカ、(10)は中国の大学での出来事が取り上げられている。本

来であれば、いずれも「学生」を使用すべきであるが「生徒」が使用されている。「学生」と「生徒」の使い分けをかりに規範意識と呼ぶとすれば、海外での出来事に関しては、その規範意識が緩むために「生徒」が使用されているのであろう。

　三つ目の特徴は、単に該当する人物がいることが分かればよい状況で「生徒」が使用されているものである。

(11)　ふつう退学処分でしょ！　退学にさせない大学ってどうかしてると思う！　あそこはきっとお金儲けだけが目的でやっている大学でしょう。お金さえ入ればどんな<u>生徒</u>でもいいんでは？　今回の学生の処分の仕方でそれがハッキリしました！　　　　　（BCCWJ, OC05_02167）

(12)　学生は普通、月謝として年間八十ドル支払うが、実質的には一人平均四十ドルにしか過ぎない。今日、七十人、五十％にあたる<u>生徒</u>が無料の恩典に浴しているからである。この大学は、多くの寄贈者から大学教育に必要な設備、運営費、教職員の給料補充などの援助を受けている。　　　　　　　　　　　　　　　　　（BCCWJ, LBh2_00033）

　（11）はある大学生が犯罪を犯したにもかかわらず、退学処分を出さないことに抗議する場面である。また、(12)はある大学の月謝のシステムを説明する場面で「生徒」が使用されている。いずれの「生徒」も「人」や「人物」という名詞に置き換えられそうなものである。これらの場合も本来であれば「学生」を使用すべきであるが、海外での出来事と同様に、使い分けについての規範意識が緩むために、「生徒」が使用されているのであろう。

3. 「生徒」が使用されるレジスター

　次に、「生徒」がどのようなレジスター（ジャンル）で使用されているのかを確認する。その際、参考資料として、「学生」「児童」「中学生」「高校生」のデータも収集した。それぞれの検索結果であるが、「生徒」が 4,150 件、「学

生」が 4,322 件、「児童」が 1,822 件、「中学生」が 2,012 件、「高校生」が 2,038
件となった。

　レジスターを調査するにあたり、PMW という概念を用いる。BCCWJ の
レジスターは大きく、出版サブコーパス、図書館サブコーパス、特定目的サ
ブコーパスに分かれる。出版サブコーパスの規模は約 3500 万語で書籍、雑
誌、新聞を収録対象としており、図書館サブコーパスの規模は約 3000 万語
で書籍を収録対象としている。特定目的サブコーパスの規模は約 3500 万語
で、ベストセラー、白書、検定教科書、広報誌、Web 掲示板（Yahoo! 知恵袋）、
ブログ（Yahoo! ブログ）、韻文、法律、国会会議録を収録対象としている。

　それぞれのレジスターに含まれる語数が異なっているため、単に当該のレ
ジスターに出現する件数を数えるだけでは、公平な比較とはならない。その
ため、各レジスターが 100 万語だった場合、何件出現するのかという数値で
ある PMW（Per Million Words）を扱う。

　「生徒」の PMW は表 2 の通りである。参考資料として、「学生」「児童」「中
学生」「高校生」も表 2 に加えた。それぞれの PMW の上位 3 位を□で囲
み、下位 3 位に下線を引いた。

表 2 「生徒」の PMW

	生徒	学生	児童	中学生	高校生
出版・雑誌	25.3	78.1	2.6	19.8	24.1
出版・書籍	69.6	47.7	24.3	16.1	14.9
出版・新聞	54.1	88.2	61.2	34.1	35.1
図書館・書籍	53.5	59.9	10.2	19.0	17.5
特定目的・ブログ	28.6	33.4	4.3	19.6	29.0
特定目的・ベストセラー	49.3	66.9	6.9	12.6	18.2
特定目的・韻文	4.9	14.8	4.9	9.9	0.0
特定目的・教科書	49.6	8.0	37.5	41.5	46.9
特定目的・広報誌	72.8	102.2	206.2	141.2	107.9
特定目的・国会会議録	40.7	30.9	14.0	11.5	10.5
特定目的・知恵袋	24.3	45.4	2.0	38.3	47.8
特定目的・白書	32.9	37.7	96.8	41.6	33.9
特定目的・法律	1.4	0.0	8.5	0.0	0.0

「生徒」が使用されやすいレジスターは上位から、「広報誌」、「出版・書籍」、「新聞」という順になっていた。「生徒」が最も多く使用されている「広報誌」や「国会会議録」においては、辞書の定義通りの「中学生」や「高校生」という意味で使われていた。また、表2から分かることであるが、「生徒」はまんべんなく使用されているものの、「知恵袋」や「ブログ」にはやや少ないので、柔らかい場面にはなじみにくいと言えるのではないだろうか。

　参考資料として加えた結果も含めて観察すると、全体的に「広報誌」に使用されやすいという特徴が指摘できる。また、「生徒」、「学生」、「児童」は「中学生」や「高校生」に比べると「新聞」に使われやすいということが分かる。さらに、「児童」は「広報誌」や「白書」で使用されやすく、「ブログ」や「知恵袋」ではあまり使用されない。そのため、「生徒」以上に硬い場面で使用されやすく、柔らかい場面ではあまり使用されないという特徴も浮かび上がってくる。

4.　「生徒」が使用される位置

　これまで「生徒」が使用される対象とレジスターを観察してきたが、ここからは「生徒」が使用される位置について確認する。具体的には、以下のような例文が考察の対象となる。

(13)？彼女はまだ生徒ですから、それほど複雑な作業はできません。

(14)　彼女はまだ {学生／中学生／高校生} ですから、それほど複雑な作業はできません。

　(13)について、彼女がまだ「生徒」であるために、複雑な作業ができないことを述べる文である。筆者の語感では、「学生／中学生／高校生」を用いた(14)に比べると、許容度が下がる。それでは、なぜこのような現象が生じるのだろうか。本稿では、「生徒」は使用される位置に特徴があることを主張する。つまり、後に助詞などがついた項位置に使用されるのか、それと

も名詞述語文の述語位置に使用されるのかという観点から「生徒」の特徴を探っていく。

「生徒」が使用される位置に関して、BCCWJ のデータを用いて調査を行った。使用される位置に関しては、後に助詞や助動詞が続くものを対象とするため、読点や句点が続くもの、および体言止めなどは除外した[3]。

具体的な調査方法であるが、後に「だ」「(助動詞が活用した)で」「です」「とする」「になる」などが続けば「(名詞述語文の)述語位置」[4]、それ以外が続けば「項位置」と判定した。

「生徒」が使用される位置は表3の通りである。なお、参考資料として、「学生」「児童」「中学生」「高校生」が使用される位置も示しておく。

表3 「生徒」が使用される位置

	項位置	述語位置	合計	その他[5]
生徒	3,716 件 (93.7%)	248 件 (6.3%)	3,964 件 (100%)	186 件／ 4,150 件
学生	3,331 件 (86.5%)	519 件 (13.5%)	3,850 件 (100%)	472 件／ 4,322 件
児童	1,497 件 (97.7%)	36 件 (2.3%)	1,533 件 (100%)	289 件／ 1,822 件
中学生	1,344 件 (81.3%)	310 件 (18.7%)	1,654 件 (100%)	358 件／ 2,012 件
高校生	1,416 件 (80.6%)	341 件 (19.4%)	1,757 件 (100%)	281 件／ 2,038 件

表3から「生徒」が述語位置で使用される割合は約 6.3% となっており、述語位置ではほとんど使用されないことが分かる。また、述語位置で使用される割合は、「学生」、「中学生」、「高校生」の順に高くなっている。それでは、述語位置で使用されるかどうかということは何を意味するのだろうか。

名詞述語文について、「私は幹事です」のような措定文と、「幹事は私です」のような指定文の区別がなされるが、本研究で調査を行ったものはほとんどが措定文となっていた。つまり、表3における名詞述語文の述語位置というのは措定文の述語位置[6]ということになる。

措定文は主語名詞句の属性を述べるものなので、「生徒」が述語位置に使用されにくいということは、「生徒」が属性を表す名詞としては使用しにくいということに他ならない。また、「児童」については、5つの単語の中で、述語位置で使用される割合が特に低くなっている。このことは言い換えると、「児童」は「生徒」よりもさらに属性を表しにくい名詞ということになる。一方、「学生」、「中学生」、「高校生」は、「生徒」に比べると属性を表しやすいので、名詞述語文の述語位置に使用される割合が高くなるのである。

　ただし、この議論には補足が必要となる。

(15) ??私は生徒です。

(16)　私は明石北高校の生徒です。

　「生徒」だけでは属性を表す名詞としては使用しにくいため、(15)は許容されにくい。しかし、「生徒」の前に高校名などを付加すると属性を表しやすくなるため、(16)のように許容度が上がることも補足しておく。

5.　「生徒」の指示性

　「生徒」が使用される位置の議論に関連して、最後に以下のような現象も取り上げておく。

(17) ?うわっ、生徒が来た。ヤバい、隠れろ！

(18)　うわっ、隣の高校の生徒が来た。ヤバい、隠れろ！

(19)　収二が窓の外へ走ってきて、「一中の生徒が来たんだ。悪平が取っ組みあいをしているぞ」と言った。　　　　　　　(BCCWJ, LBe9_00108)

　(17)から(19)はいずれも項位置に使用される「生徒」であるが、筆者の語感では、(17)のように「生徒」だけではやや使いにくいように感じる[7]。(18)や(19)のように、どの高校・中学であるのかを示すことによって、許容度が

上がるように思われる。

　このことには名詞の指示の問題が絡んでいる。つまり、「生徒」だけではある個体を指示することは難しいので、特定の指示対象を表しにくい。高校や中学の名称を付加することによって、指示性が高まり、特定の指示対象を指すことができるのである。

6.　おわりに

　本稿では、「生徒」という名詞を考察の対象として、「生徒」が使用される対象、「生徒」が使用されるレジスター、「生徒」が使用される位置、「生徒」の指示性の問題を取り上げてきた。その結果、「生徒」は学校などで教えを受ける人を意味する場面で使用されやすい、「広報誌」で使用されやすい、柔らかい場面にはなじみにくい、名詞述語文の述語位置では使用しにくい、それだけでは特定の指示対象を指示しにくい、といった特徴を確認してきた。

　今後の課題であるが、「生徒」と同じような分析を「学生」、「児童」、「中学生」、「高校生」などでも行うことが挙げられる。また、「先生」、「教員」、「教師」にも使い分けがあるのかどうかを検討することもできる。さらに、今回は人を表す名詞である「生徒」を分析したが、場所を表す「学校」、「大学」、「中学」、「高校」がどのような特徴を持っているのかも分析することができるだろう。

注
1　「学生」「児童」のいずれも『日本国語大辞典　第二版』による。
2　「小学生」に対して、つまり「児童」の代わりに「生徒」が使用されている例のほとんどがこの特徴に当てはまっていた。また、「小学生」に対して「生徒」が使用されている例には、「全校生徒」という表現で小学校の全ての児童を表す例も多く見られた。
3　これらはいずれも表３の「その他」に含めている。

4　より正確には、後文脈が「だ」「だった」「だろう」「である」「であった」「でした」
　　「です」「という」「とする」「となる」「なのだ」「にする」「になる」「に見える」「の
　　ようだ」から始まっていれば名詞述語文の述語位置と見なした。
5　「その他」には本文中で取り上げた読点や句点が続くもの、および体言止め以外
　　にも、単語や句がタイトルになっており、文になっていないものが含まれている。
6　西山(2003)は措定文「AはBだ」のAを指示的名詞句、Bを非指示的名詞句と位
　　置付けている。
7　例えば、職員室において、教師同士の会話では「生徒が来た」は使えるが、教師
　　と生徒の会話では「生徒が来た」は使えない。このことは、「生徒」とそれ以外
　　を区別するような状況では、「生徒が来た」が使えることを示唆しているが、詳
　　細については稿を改めて検討したい。

参考文献

西山佑司(2003)『日本語名詞句の意味論と語用論―指示的名詞句と非指示的名詞句』
　　ひつじ書房
日本国語大辞典第二版編集委員会(2001)『日本国語大辞典　第二版　第三巻』小学館
日本国語大辞典第二版編集委員会(2001)『日本国語大辞典　第二版　第六巻』小学館
日本国語大辞典第二版編集委員会(2001)『日本国語大辞典　第二版　第七巻』小学館

調査資料

『現代日本語書き言葉均衡コーパス』ver.2021.03，国立国語研究所，https://chunagon.
ninjal.ac.jp/

夏休みにアルバイトを始める子が増加する。

本多由美子

1. はじめに

　筆者がある大学の学部で文章表現の授業を行った際、提出物に次のような文が見られた。学生が自分の周囲の大学生の生活について書いた文章の中の一部である。文章はレポートで用いるような書き言葉を使うようにという指示の下で書かれている。

(1)　　大学生になると出費が増え、経済状況が厳しくなる。そのため、大学
　　　 1年生の夏休みにはアルバイトを始める子が増加する。

　この文を書き言葉で書かれた文として見ると違和感を覚えるのではないだろうか。ここで注目したいのは「子」である。この「子」はこの文章を書いた学生の同級生を表している。「子」ではなく「アルバイトを始める人／学生」のほうが適切だろう。しかし、「子」という語は書き言葉でも用いられる。「俺」や「やばい」のように、語形だけでくだけた表現だとは判断しにくい語である。多義語には、意味によって文体的な特徴が異なるものがある（宮島 1977）が、「子」もその1つだと思われる。石黒編（2021: 63）でも大学生を表す「子」はくだけた表現だとの指摘があるが調査に基づくものではない。では、一般的な書き言葉における「子」と、大学生の話し言葉における「子」にはどのような違いがあるのだろうか。本稿では書き言葉と話し言葉を対象にした2つの調査を行い、「子」の意味や「子」の表すものに焦点を

あて、「子」の使用実態の一端を見ていく。

2.　辞書における「子」の意味

　『デジタル大辞泉』(以下、『大辞泉』と略す)に「子」の意味は以下のように書かれている。下位項目は省略する。

　「こ」【子／児】

　1　親から生まれたもの。こども。⇔親。

　2　まだ大人になっていない者。幼い者。こども。「近所の男の―」

　3　(「娘」とも書く)若い女性。むすめ。「妓」とあてて遊女・芸者などをいうときもある。「若い―の集まる店」

　4　植物の幹や根から生え出たもの。「芋の―」「竹の―」⇔親。

　5　主だったものに対して、従属する関係にあるもの。「―会社」「―分」⇔親。

　6　トランプや花札などで、親以外の立場になる者。⇔親。

　7　元金から生じた利益。利子。「元も―もなくす」

　8　「子株(こかぶ)2」の略。

　「子供」は「子」に接辞「ども」が付いた語である(『大辞泉』)ため意味の1、2のように、「子」と「子供」は置き換えられる場合が少なくない。『日本国語大辞典』の「子」の解説には「(5) 人を親しんでいう語。男にも女にもいい、多く、地名などに続けて用いて、愛称の意を添える。」という説明も見られ、この説明が冒頭に示した(1)の用例に近いと思われる。辞書の説明には「⇔親」、「幼い」「若い」「親しい」などの記述が見られることから、「子」の意味には子を使用する人と対象者との関係や対象者の年齢という要素が含まれていることがわかる。

3. 書き言葉で「子」はどのような種類の文章に使われているのか？

　1つ目の調査では、書き言葉における「子」を見てみよう。調査データは『現代日本語書き言葉均衡コーパス』（以下、「BCCWJ」と略す）を用いた。BCCWJ は「レジスター」という言語の使用域ごとにデータが収録されているため、「子」がどのような文章で用いられているかを把握することができる。ここでは比較対象として「子供」も調べた。調査方法は、検索アプリケーション「中納言」の長単位検索で語彙素「子」（語彙素読み「コ」）と「子供」（語彙素読み「コドモ」）のデータを抽出した。検索した結果、「子」は 21,212 語、「子供」は 41,551 語であった。ここから誤解析と「小人」の例を除外し、延べ語数は「子」が 20,613 語、「子供」が 41,259 語となった。「小人」は「コドモ」ではなく「コビト」や「ショウニン」である可能性もあるため除外した。また、誤解析は、「コ」という文字の例（例：コの字）、名前や語の一部（例：みー子）、此（こ）（例：こはいかに）であった。

　図1は 13 のレジスターにおける出現頻度である。各レジスターの語数が異なるため、100 万語あたりの語数に換算した。全体的に「子」は「子供」と比べて頻度は低いが、各レジスターで使用されていた。100 万語あたりの「子」の使用頻度が最も高いレジスターは「韻文」であった。BCCWJ の韻文は短歌、俳句、詩の3種類のデータから成る。いずれも 1980 年以降に刊行された出版物がデータ収集の対象となっている。「子」は身近な存在として題材に取り上げられやすいだけではなく、1拍の語であることが音の数が限られている短歌や俳句には使用されやすいのだと思われる。（2）のように、俳句や詩にはやや古い表現も使われるところから、やや古風な印象も与える。なお、例文中の「ゝ」はくり返し記号である。

（2）　花散るまゝ子のいふまゝに母歩む　　　　　　　（OV1X_00075, 5470）

　本稿の冒頭に示した（1）はレポートで用いるような書き言葉を想定した文

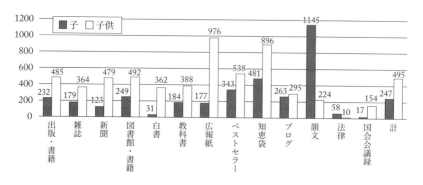

図1　書き言葉における「子」と「子供」の頻度（100 万語あたり）

である。硬い文章での用例として、頻度は低いが「白書」を見てみよう。白書では(3)のような親の存在を前提にした「子」が約 96% を占めた。対象者の年齢は小学生以下が中心だが、「老親と子の同居率」のように年齢の高い人を含む例も見られた。なお、その他 4% は高校教師が生徒について述べる文の引用であった。

(3)　　なお，子が結婚した後の子との同別居について，「中高年齢層の高齢化問題に関する意識調査」(平成十年)(総務庁)でみると，

　　　　　　　　　　　　　(『高齢社会白書平成 12 年度版』OW5X_00317, 31270)

　(3)の「子」は「子供」と置き換えることができる。そうすると、白書での「子」の用例はほとんどが「子供」に置き換えられることになる。反対に、「子供」の用例から 100 例をランダムに抜き出して「子」に置き換えられるかを調べたところ、100 例中 62 例(62%)が親に対する「子供」であり、「子」に置き換えられた。置き換えにくいと感じた 38% は「(交通事故での) 子どもの死亡事故」や「子どもと高齢者の安全」のような大人に対する子供という用例であった。

　以上、BCCWJ の分析結果を 3 点にまとめる。1.「子」は白書のような硬い文章を含む、幅広い文章に用例が見られた。2.　白書での「子」は、主に

親から生まれた子という家族関係の中での存在を表していた。3. 白書では、2 のような家族関係の中での存在を表す場合、「子」と「子供」の両方の語が使用されていた。他方、「子供」は、大人や高齢者に対する子供という年少者のグループに属する者を表す語としても用いられていた。

　(1)は、「大学 1 年生の夏休みにアルバイトを始める子を持つ親の意識」のように、「子」を親子関係で捉えた文であれば、対象者が大学生であってもくだけた印象は与えにくいだろう。このことからも (1) の「子」に感じる書き言葉としての違和感は、文の作者と対象者とが同級生であるという関係性に基づくものであると思われる。

4.　大学生の話し言葉で「子」はどのように使われているのか？

4.1　調査データ・方法

　2 つ目の調査では、大学生の会話における「子」を見てみよう。調査データには『日本語話題別会話コーパス：J-TOCC』(以下、「J-TOCC」と略す) を用いた。J-TOCC は、親しい間柄の大学生 120 ペア (240 名) が 15 の話題について会話した音声を 5 分ずつ文字化したものである。延べ語数 (長単位) は約 11 万語である (中俣他 2021)。データが 2018 ～ 2019 年に収録された最近のデータであること、話題が指定されており文脈を理解しやすいことから、このコーパスを利用することにした。実質語の出現頻度は話題の影響を受けやすいと思われるが、調査協力者にとって日常的で使いやすい表現の一端を知ることができる。

　調査方法は、会話のデータ (テキストファイル) を形態素解析し、その結果をもとに、全文検索システム『ひまわり (ver.1.6.8)』で文脈を確認しながら分析を行った。なお、形態素解析には MeCab (ver.0.996、辞書は UniDic-csj-3.1.0) を使用した。形態素解析の結果、「子」は延べ 1,029 語抽出された。ここから以下の 58 語を除外し、分析対象は 971 語 (971 例) となった。除外した語は、「子」を含む合成語 (例：明太子、遺伝子、受け子)、作品名や有

名人の名前（例：「天気の子」）、ことわざや慣用句（例：蛙の子は蛙、元も子もない）である。

　表1は調査協力者240名における「子」の使用者数である。発話中に「子」を1回以上使った人は女性の91.7%、男性の70.8%、全体の81.3%（195名）であった。本分析はこの195名を対象に行ったものである。1回以上使った人は男性よりも女性のほうが約20ポイント高かった。240名の「子」の使用頻度は平均4.0、中央値3、最小値0、最大値18、標準偏差4.10であった。

表1　「子」を使用した調査協力者数

使用状況	女性		男性		計	
使用した	110	91.7%	85	70.8%	195	81.3%
使用しなかった	10	8.3%	35	29.2%	45	18.8%
計	120	100.0%	120	100.0%	240	100.0%

4.2　「子」は誰／何に対して使われているのか？

　ここでは会話の中の「子」が誰／何に対して使われているのかを分析する。(1)の「子」は大学の同級生に対して使われている。また、3節の書き言葉の分析では、年齢が高くても親子の関係であれば、「子」が使われていた。そこで、話者と対象者との関係に注目し、話者から見た対象者との関係と対象者の年齢を軸に用例を分類することにした。J-TOCCから抽出した971例について、前後の文脈を読み、「子」の用例を分類した。

4.3　分類1（表2）

　「子」の表すものを「①人間」「②動物」「③物」の3つに分けた。人間には、アニメの登場人物など実在しない人物も含む。人間以外の②③の用例については後述する。

4.4　分類2（表3）

　分類1の「①人間」877例を「④一般的な子供」「⑤有名人・キャラクター」「⑥話者・対象者との関係における「子」」に分け、⑥をさらに「(a)親子」

「(b)教師・生徒」「(c)同級生・後輩・家族など」に分けた。(1)の「子」は(c)に当たる。④は「大人と子供」と言うときの年少者を表す「子」の用例、⑥の方は話者と対象者の関係が読み取れる用例である。以下、用例を示す際、「M／F」は「男／女」を表す。用例のあとの括弧の中には、J-TOCC のペア番号と会話のテーマを示した(詳細は中俣他(2021)を参照)。

表2 「子」の内訳

分類1	用例数
①人間	877
②動物	92
③物	2
計	971

表3 「①人間」の内訳

分類2	用例数
④一般的な子供	111
⑤有名人・キャラクター	12
⑥話者・対象者との関係における「子」	754
(a) 親子	23
(b) 教師・生徒	57
(c) 同級生・後輩・家族など	674
計	877

　「④一般的な子供」は「大人と子供」と言うときの年少者を指す。(4)のように、特定の人物を指さない例や、「ちっちゃい子ってさ、靴脱いでさ、座ったりするじゃん」のように、街中で見かけた年少者に対して述べている用例である。

(4)　　M2：子育てを、地方でしたい。
　　　　M1：確かに。都会で育った子(M2：うん)よりはー、やっぱり地方で
　　　　　　育ったほうが(M2：うん)いっぱい、得、得れる。

(W-104-14. 住環境)

　「⑤有名人・キャラクター」は、マスメディアに登場する環境活動家や男性アイドルグループのメンバー、アニメの登場人物に「子」が使用されている例である。話者にとって身近で親しみを感じる存在の場合もあるが、年少者という意味で使用されている可能性もあるため、他の分類と分けた。年齢

については、(5)のグレタ・トゥーンベリさんは、調査当時、高校生であった。(6)の Hey! Say! JUMP のメンバー(1990–1993 年生まれ、公式ホームページより)は話者(1990 年代後半に生まれたと推測される)よりはやや年上であると思われるが、話題は小学生のときの話である。

(5)　　M2：「新幹線乗るのも環境によくないし」って言って、そのグレタ
　　　　　ちゃんっていう子、後で調べて、すごいで。　（W-114-11. 天気）
(6)　　F1：あの、何、はやってるドラマがあったんよ、そんとき。(中略)
　　　　　何か、Hey! Say! JUMP の子のやつ。　　　　（W-319-07. 学校）

　「⑥話者・対象者との関係における「子」」は話者と対象者の関係が読み取れる用例である。用例には第三者の発話の引用も含めたため、話者(「子」の使用者)には親や教師も含まれる。

　「(a)親子」は、(7)のように自分の子供を表す用例が最も多かった(14 例、約 61%)。親の子供に対する発話を引用する例や「はとこっていうのは、いとこの子」など親子関係について説明する用例も含めた(9 例、約 39%)。

(7)　　F2：いとこがおんねんけど、まじでかわいくて仕方ないねやんか。
　　　　　(F1：うん)もう自分の子やったら、もうどんだけかわいいねん
　　　　　と思って。　　　　　　　　　　　（W-303- 12. 夢・将来設計)

　「(b)教師・生徒」は、(8)のように話者のアルバイトが塾講師である場合や教職課程に在籍している場合などに、生徒に対して「子」を使う用例が54 例(約 95%)、中学時代の教師の視点で生徒について述べた用例が 3 例(約5%)であった。生徒が小学生など年少者の場合は、子供に置き換えられるものもあるが、本分析では話者との関係性を重視し、生徒という分類で 1 つにまとめた。なお、生徒の年代が不明な用例もあったが、教師よりも生徒のほうが年上だと思われる用例は見られなかった。

(8)　M2：(前略)僕がほんとに塾を始めたときから(F1：うん)1年半か、1
　　　年半ずっと担当してた子で、　　　　　　　(E-218-09. アルバイト)

4.5　分類3：「(c) 同級生・後輩・家族など」(表4)

　(c)では、「子」の使用者(話者)と対象者の関係および対象者の年代によっ
て、用例をさらに分類した。年代は会話に出現した語に基づく。以下、表4
の「話者から見た対象者」の分類ごとに見ていく。

　「同級生」は話者と対象者が同年代の用例である。思い出の話で使われた
「子」は話者もその年代の視点で話しているとみなし、当時の年代に分類し
た。表4では、(1)と同様に話者が同級生かつ同年代(大学生)の人物に対し
て「子」を使う用例数が361例あり、珍しい用例ではないと言えるだろう。
次に挙げる(9)は大学の同級生で(1)と同じ「子」である。(10)は中学時代の
同級生に対して使用している用例で表4の「小／中学校」に分類した。

(9)　　F1：チアさあ、こう、いや、結構私の友だちもー、やってる子、多
　　　　いんだよ。　　　　　　　　　　　　　　(E-306-04. スポーツ)
(10)　 M1：(前略)ちょうど同じクラスで、神奈川に引っ越した子がおっ
　　　　て、　　　　　　　　　　　　　　　　　(W-120-11. 天気)

表4　「(c) 同級生・後輩・家族など」の分類 (単位：用例数)

話者から見た対象者	対象者の年代						
	小／中学校	中高	高校	小中高	大学	不明	計
同級生	127	10	89	1	361	4	592
下の年代・後輩	3	1	17	0	5	8	34
自分・相手	14	0	3	0	22	3	42
家族・親戚	0	0	0	0	0	6	6
計	144	11	109	1	388	21	674

　「下の年代・後輩」は、「サークルの後輩の子」「集団登校で1回下の子が
(車に)ひかれかけた」というような、下の学年や後輩であることに言及され

ている用例である。

　「自分・相手」は、会話をしている2人が自分自身または相手に対して「子」を使う場合である。表4で対象者の年代が「大学」というのは、現在の自分、相手について「子」を使用している場合である。「自分」「会話の相手」を合わせた42例のうち、「いい子だった」「悪い子だから」のような性格について述べる例が29例（約70%）と半数以上見られた。

　「家族・親戚」は「いとこの子」や弟に対する「下の子」などの例である。「家族・親戚」6例の中で姉に対して「いい子」と述べている例が1例あった。表4で明らかな年長者に「子」を使用しているのはこの例のみであった。

　以上のように、本分析のデータでは、大学生は自分と同年代以下の人物に対して「子」を使用していた。対象者の年代と親しさを明確に分けることは難しいが、「子供」では置き換えられない年代の身近な人物にも「子」が使用されている実態が見られた。

4.6　人間以外の例―「子」の意味の広がり

　人間以外では、動物や物に「子」が使用されていた（表2②③）。用例に見られた動物は犬、猫、黒ヒョウ、ハムスター、蛇、鳥、金魚など多岐にわたる。多くは話者あるいは他者のペットに対して「子」を使用している例であった。ペットは家族と同等という感覚から「子」が使用されるのだろう。しかし、ペット以外にも、話者が好きな動物（例（11））や、苦手な動物（例（12））に対しても「子」を使用する例が見られた。

（11）　（家に突然蛇がいたらという話）
　　　　F2：私もちょっと、ちょっと、びびるもん。それでもまず、毒ないかな、大丈夫かな、この子みたいなふうになる。（E-320-10.動物）
（12）　F：（前略）ネコがまず苦手なのね。
　　　　M：俺が一番好きなやつじゃないか。
　　　　F：なんかあの子たちってさ（E-220-2M：うん）、何だろう。想定外な動きが多すぎると思わない？　　　　　　　（E-220-10.動物）

人以外に「子」が使用されている例として、物に対して使用された例も2例見られた。スキー板に対する例(13)と洋服に対する例(14)である。いずれも話者の身近なものではあるが、(13)は話者の所有物であるのに対し、(14)は購入する前の服を表している。

(13)　F2：スキーの板とか、(F1：うんうん) しばらく使わないです、この
　　　　　子たち、みたいな。　　　　　　　　　　　　　(E-302-06. 家事)

(14)　F2：もう、社会、会社入ったら、会社の中でも着られるような服に
　　　　　しなさいって、最近言われて、もっと大人っぽい服を探してる
　　　　　んだよ、どんな子がいいかなって。　(E-305-02. ファッション)

　本稿のデータ以外にも SNS では自分が育てた植物や自作のアクセサリーなどに「子」が使用されている。自分が育ての親、生みの親のような感覚なのであろう。また、新しく購入した物品(オートバイ、扇風機、パソコンのパーツなど)の写真とともに「新しい子をお迎えしました」という表現が用いられている投稿も散見される。「子」の表す「身近な存在感」が「人」だけでなく、「物」にも広がりつつあるのだろう。

5. 「子」の形態的な特徴

　ここまで「子」の意味に注目して分析してきたが、「子」の形態的な特徴についても見ておこう。J-TOCC の「子」の用例について、表5では前接する1語の品詞、表6では助詞の場合の内訳をまとめた。

　「子」に前接する語の品詞は助動詞、連体詞、助詞、形容詞で 87.3% と9割近くを占め(表5)、助詞の 98.2% は「の」である(表6)。高頻度の上位3語は「～の子(222語)」「その子(139語)」「～てる子(85語)」であった。これらのことから、「子」は、修飾表現および指示詞などある程度決まった形式で使用されていたことがわかる。

　「～の子」が多く使用されるのは、誰の子供であるかだけでなく、「地元の

表5　前接する1語（単位：語数）

品詞	子		子供	
助動詞	241	24.8%	46	4.2%
連体詞	236	24.3%	24	2.2%
助詞	226	23.3%	207	19.1%
形容詞	145	14.9%	6	0.6%
動詞	84	8.7%	7	0.6%
補助記号	26	2.7%	678	62.4%
副詞	0	0.0%	72	6.6%
名詞	0	0.0%	24	2.2%
その他	13	1.3%	22	2.0%
計	971	100.0%	1,086	100.0%

表6　前接する助詞の内訳（単位：語数）

助詞	子		子供	
の	222	98.2%	38	18.4%
と	3	1.3%	6	2.9%
か	1	0.4%	31	15.0%
も	0	0.0%	23	11.1%
で	0	0.0%	22	10.6%
は	0	0.0%	18	8.7%
に	0	0.0%	17	8.2%
が	0	0.0%	16	7.7%
て	0	0.0%	15	7.2%
その他	0	0.0%	21	10.1%
計	226	100.0%	207	100.0%

子」「バイト先の子」など、話者との関係を示す場合にも用いられるからであろう。他方、「子供」に前接する語は補助記号が6割以上を占め、助詞の内訳でも「の」の割合は低い。このことから「子供」は前に修飾する表現が付かずに使用される傾向があることがわかる。「子」は1拍の語で不安定であるため、特に話し言葉で単独で使われるときは、あとからできた「子供」という長い語形のほうが使われるようになった（国立国語研究所1984: 36）という指摘とも重なる。

　今回のデータで「子」と「子供」が使用されるときの形式が大きく異なるのは、表4に示したような大学の同級生に対して「子」を使う用例、つまり「子供」に置き換えにくい用例が多かったことによると思われる。しかし一方で、(4)の「都会で育った子」や、聞き手の幼少期について「どんな子だった？」と質問するような、意味としては「子」と「子供」のどちらも使用可能な場合に「子」が選ばれている用例も見られた。くだけた話し言葉で、修飾表現が前接する場合には「子供」よりも「子」のほうが語形が短く簡潔であるため用いられやすい可能性もあるが、検討は今後の課題としたい。

6. 指示表現における「子」

　本稿では「子」の用例を見てきたが、(1)の「子」は「人」や「学生」に置き換えることができる。補足になるが、類似表現との使い分けの傾向を見るために、J-TOCCにおける指示表現の中で「この、その、あの」に注目し、「子」と他の表現を比較した。図2は連体詞「この、その、あの」に人間あるいは動物を表す名詞が続く用例と、「こいつ、そいつ、あいつ」が人間または動物を指す用例を抜き出してまとめたものである。調査方法は、形態素解析の結果から連体詞「この、その、あの(語彙素；此の、其の、彼の)」に名詞あるいは接頭辞が後接するデータを抽出し、連体詞に後接する2語から人間あるいは動物を表す名詞の用例を抜き出した。ここに「こいつ、そいつ、あいつ(語彙素；此奴、其奴、彼奴)」の用例を合わせた。

　図2は用例数を話題別にまとめ、左から「子」の占める割合が高い順に並べた。用例数の合計は1,463例で、高頻度順の上位5表現は、「こ／そ／あいつ」(443例、30.3%)、「こ／そ／あの人」(423例、28.9%)、「こ／そ／あの子」(218例、14.9%)、「こ／そ／あの先生」(49例、3.3%)、「こ／そ／あの友達」(25例、1.7%)であった。「こ／そ／あいつ」「こ／そ／あの人」「こ／そ／あの子」の3種類で全体の約74%を占める。話題を見ると、「旅行」「食べること」「学校」など友人が登場する話題では「子」が用いられる割合が高く、「日本の未来」や「マナー(公共の場所でのマナー)」など身近な人に言及しない話題では、「子」は用いられにくいことがわかる。

　会話で人物を指す場合、「こ／そ／あいつ」は親しさを表す一方でぞんざいな印象も与える。「こ／そ／あの人」は年長者にも使えるが、身近な人に使うと少し距離があり、よそよそしい感じもする。カジュアルで親しさを示しつつ、ぞんざいになりすぎず、同年代以下であれば幅広い対象者に使えるという点で、「子」は大学生にとって便利な表現と言えるのではないだろうか。

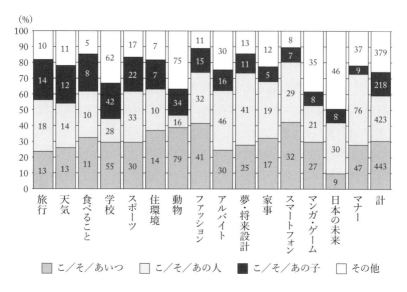

図2　指示表現における「子」の割合（「子」の割合降順、グラフ内の数字は用例数）

7.　まとめと課題

　本稿では、大学生が書いた「アルバイトを始める子が増加する」という表現から書き言葉および大学生の話し言葉をもとに「子」の使用実態の一端を分析した。分析の結果を3点にまとめる。

1. 書き言葉における「子」は白書などの硬い文章にも用いられる語であるが、その場合、「子」は法的な親子関係や、親から生まれた子のような家族関係の中での存在を表している。
2. 大学生の話し言葉のデータでは、「子」は、一般的な子供にも用いられるが、同年代以下で身近な人物を指す場合に多く用いられていた。
3. 「子」の指す対象は人間以外のペットや物にも広がっている。

　これらを合わせると、(1)の文のように、大学生が同級生に対して「子」を使うのは、親しさやカジュアルさが強く感じられるため、レポートのよう

な書き言葉に使うには適さないと言えるだろう。

　今回の分析の課題としては、個人差を考慮していない点、分類を筆者ひとりで行なったため、分類に検討の余地がある点、が挙げられる。また、本分析は、大学生を対象にしたが、話者の年齢が上がると、「子」の使用は異なる様相を示すと思われる。職場など上下関係が明確な場で目下の人に対して用いられる「子」(例：新人の子)と大学生の用いる「子」とは異なる語感を持つように思われる。今後、他の年代での使用実態にも注目していきたい。

参考文献

石黒圭編(2021)『日本語文章チェック事典』東京堂出版

国立国語研究所(1984)『語彙の研究と教育（上）』日本語教育指導参考書 12. 大蔵省印刷局 <http://doi.org/10.15084/00001836>

中俣尚己・太田陽子・加藤恵梨・澤田浩子・清水由貴子・森篤嗣(2021)「『日本語話題別会話コーパス：J-TOCC』」『計量国語学』33(1):pp.11–21. 計量国語学会

宮島達夫(1977)「単語の文体的特徴」松村明教授還暦記念会編『国語学と国語史―松村明教授還暦記念』pp.871–903. 明治書院

調査資料

『現代日本語書き言葉均衡コーパス』(データバージョン 2021.03)

『日本語話題別会話コーパス：J-TOCC』(データバージョン 20210831)

『デジタル大辞泉』小学館(「コトバンク」利用 <https://kotobank.jp>2021 年 9 月 8 日確認)

『精選版 日本国語大辞典』(「コトバンク」利用 <https://kotobank.jp>2021 年 9 月 8 日確認)

第3部　日本語学習者とのやりとりから

母は親切です。

加藤恵梨

1.　はじめに

　日本語の授業で学習者に家族について紹介してもらうと、「私の父はよく働きます。母は親切です。」と言うことがある。学習者の言いたいことは理解できるが、日本語母語話者は「母は親切です」とは言わない。日本語の教科書の解説書を見ると次のように記述してあり、「親切」は身内には使わないということが記述されている。

> しんせつ ［な］ helpful, kind, considerate (not used about one's own family members)
>
> (『みんなの日本語　初級 I　第 2 版　翻訳・文法解説　英語版』、p.52)

　しかし、日本語学習者の話し言葉・書き言葉を収集して電子化した言語資料である『多言語母語の日本語学習者横断コーパス』(以下 I-JAS と略称する)においても、次のような使用が見られる。C は調査者(日本語母語話者)の発話であり、K は日本語学習者の発話である。

(1)　C：そうですかー {笑}、どんなところがお母さんは、いいんですか？
　　　K：んーとても親切な人と思います　　　　　(サンプル ID　GAT40-I)
(2)　C：あじゃあお兄さんには負けちゃうね喧嘩したら
　　　K：はいはい {笑}、でもー、私のー、兄さん、あー兄は、とってもー、

あー親切、ので、私は、あん、兄、あーん、兄とー、とってもー
あー、あー、あ忘れました {笑}　　　　　（サンプル ID　FFR31-I）

　(1)は母親に対して(2)は兄に対して「親切」と話しているが、やはり身内
に対して「親切」と言うと不自然に感じる。では、「親切」は誰に対してど
のような状況で使うのであろうか。

2.　辞書の記述

　辞書で「親切」の意味を確認する。以下では、語釈が分かりやすく記述さ
れている『新明解国語辞典』と、学習者用の辞書『ねっこ日日学習辞書　動
詞・形容詞 300』を取りあげる。

しんせつ【親切・深切】
弱い立場にある人や困った目にあっている人の身になって、何かをして
やったりやさしく応対したりすること(様子)。また、その態度。
「―を尽くす／―な計らい／小さな―／―に教えてくれた／―にする／
ちょっとした―心」　　　　　　　　（『新明解国語辞典』第 8 版、p.786）

しんせつ【親切】[1]
「親切」は、困っている人や悩んでいる人を助けようとしているという
意味です。
●旅行先で道に迷ったとき、親切な人が声をかけてくれて、目的地ま
で連れて行ってくれた。
●私に日本語を教えてくれた石川先生は、困ったときには相談に乗っ
てくれる親切な先生でした。
●パソコンを設定するのは初めてでしたが、親切な電話サポートのお
かげで問題なくできました。
　　　　　　　　　（『ねっこ日日学習辞書　動詞・形容詞 300』、p.207）

上の記述から、「親切」は、弱い立場にある人、困っている人や悩んでいる人に、やさしく応対したり助けようとしたりすることだと分かる。しかし、辞書には身内に使わないということは記述されていない。

3.　分析

3.1　『日本語話し言葉コーパス』における「親切」

　実際に話し言葉で「親切」はどのように使われているのであろうか。現代日本語の自発音声を大量に格納したデータベースである『日本語話し言葉コーパス』(以下 CSJ と略称する)を調査対象とし、「親切」がどのように用いられているかを明らかにする。CSJ には語数にして約 750 万語、時間にして 660 時間の音声が含まれている(前川 2004: 112)。

　調査の結果、CSJ では「親切」は全部で 86 件使用されており、男女別に見ると、女性が 34 人(54 件)、男性が 20 人(32 件)用いていた[2]。

3.2　ある人を「親切」であると感じるときの条件

　ある人を「親切」であると感じるか否かには、次の 4 つの指標があると考えると分かりやすい。

    I　　発話者の状況
    II　　ある人との付き合い
    III　　ある人の配慮
    IV　　ある人の負担の程度

　まず I について、発話者に何も問題が生じていないときに、人に何かをしてもらっても「親切」と感じるとは限らない。むしろ、おせっかいであると感じる場合もある。相手を「親切」だと感じるのは、発話者が普段と異なる状況にあるときである。特に、発話者が困っているときには、ある人を「親切」であると感じやすくなる。

続いてⅡについて、「親切」であると感じるのは、発話者とある人との付き合いが短いときである。そのため、初対面の相手から何らかの行為を受けた場合には、「親切」であると感じやすくなる。よって、付き合いが長い相手、特に身内には「親切」であるとは感じないのである。

さらにⅢについて、ある人が発話者のことを気遣う様子が見られる場合に「親切」であると感じる。特に、ある人が発話者の状況がより良くなるように手伝ったり、困りごとを解決して助けたりした場合に「親切」であると感じやすくなる。発話者がある人の行為に対して、手伝ってくれたと感じるか、助けてくれたと感じるかは、発話者の状況や心情によって異なるため、ここでは「手伝う」も「助ける」も発話者の状態をプラスの方向へと導く行為であると考える。

最後にⅣについて、ある人の負担が大きいほど、「親切」であると感じやすくなる。しかし、ある人の負担の程度は他の指標に比べてさほど重要ではない。

上述した指標をまとめると、表1のようになる。

表1 「親切」であると感じる条件

	指標	⟹ 評価がより高くなる	
Ⅰ	発話者の状況	普段と異なる	困っている
Ⅱ	ある人との付き合い	短い	初対面
Ⅲ	ある人の配慮	気遣う	手伝う／助ける
Ⅳ	ある人の負担の程度	小さい	大きい

上の指標にもとづいて、具体例を見ていく。

Ⅰ 困った状況×Ⅱ 初対面×Ⅲ 手伝う／助ける×Ⅳ 負担が大きい

(3)　で本当につらかったこともあったんですけど、あのー次第に友達とかができていって、でその中でもやっぱり一番初めに会った人達っていうのが凄く親切にしてくれて。で例えばパーティーとかやる時に呼んでくれたり後何か困ったことがあった時に手伝ってくれたりあのー色々してくれました。

（講演 ID：S02M0586、講演者 ID：134、男性、20 代前半）

（3）は、（Ⅰ）発話者が留学先でつらい思いをしていたとき、（Ⅱ）知り合った人達が（Ⅲ）手伝ってくれたり、（Ⅳ）色々してくれたことを「親切」であると感じている。ここでは 4 つの指標のすべての程度が高いため、「凄く親切」と評価されている。

Ⅰ 困った状況×Ⅱ 初対面×Ⅲ 手伝う／助ける×Ⅳ 負担が大きい
（4）　えーまーその当時学生からやめてお金もなかったもんですからえー車の保険とかも入ってなくいわゆる相手の修理費とかですねえー保険の問題とか色々こう困りまして。でま相手がま親切なタクシー会社と親切なタクシーのえー運転手さんだったのであまり揉めることもなくまー応まー不幸中の幸いというのもあったんですけれども。まーどうにかまー収まってえー事故の処理は終わりました。

（講演 ID：S03F1162、講演者 ID：808、女性、20 代前半）

（4）は（Ⅰ）発話者が車の追突事故を起こし、相手の車の修理費や保険の問題で困っていたが、（Ⅱ）相手のタクシー会社および運転手と（Ⅲ）あまり揉めることなく、（Ⅳ）事故の処理が終わったことで、相手を「親切」であると評価している。（4）は先ほど見た（3）と異なり、相手が積極的に発話者を助けたわけではないが、相手の言動が発話者を救い、その結果あまり揉めずにすんだと考えられる。また、発話者が大金を支払うことなく事故の処理が終わったということは、相手の負担が大きかったということである。このように、（4）もすべての指標の評価が高くなっている。

　次に、（Ⅱ）初対面でなくても、相手を「親切」であると強く感じている例を見る。

Ⅰ 困った状況×Ⅱ 付き合いが短い×Ⅲ 手伝う／助ける×Ⅳ 負担が大きい
（5）　て本当の親切本当に親切な人って考えた時に K さんのことを思い出

しました。(中略)その日も夜中近くきか帰宅しまして。ドアーの前で
バッグの中に手を入れましたいつもですと、すぐ指に触ってくる鍵が
ないんですねあれっと思って別のところを探しましたが、見つかりま
せん。(中略)同じ団地のあまり親しくはなかっその頃はあまりした
しー親しくはなかったんですけれども、KさんをもうKさんの迷惑
はもう百も承知で訪ねました。もうワラにもすがる気持ちで事情を話
したところんーんKさんは迷惑そうな顔もせずにう部屋に入れてく
れました。

(講演 ID：S05F0512、講演者 ID：271、女性、60 代前半)

　(5)は、(Ⅰ)発話者が鍵をなくし、夜中に部屋に入れず困ったので、(Ⅳ)
迷惑は百も承知で、(Ⅱ)同じ団地のあまり親しくないKさんを訪ねたとこ
ろ、(Ⅲ)快く部屋に入れてくれたことを「親切」であると評価している。(5)
は初対面の相手ではないが、あまり親しくない知人が困っている発話者を助
けてくれたことに「親切」であると感じている。
　また、発話者が(Ⅰ)困った状況にない場合でも、相手を「親切」と感じて
いる例もある。

Ⅰ 普段と異なる状況×Ⅱ 初対面×Ⅲ 気遣う×Ⅳ 負担が小さい

(6)　実はえー近所のおーさ道を散歩してる時に若いカップルが奇妙なあ動
　　　物をえーリードえー紐くちえー首紐を付けてですね散歩してたんです
　　　ね。(中略)フェレットっていうのはどこどこで売ってるんですか、で
　　　どういう動物ですかっていうなえあ二三の投げ掛けをしま質問投げ掛
　　　けして答えてく親切に答えてくださいました。

(講演 ID：S10M1084、講演者 ID：786、男性、50 代前半)

　(6)は、(Ⅰ)発話者が若いカップルがつれている動物が気になり、どこで
売っているかなどを聞いたところ、(Ⅱ)その二人が(Ⅲ)答えてくれたことを
「親切」であると評価している。質問に答えることは負担がそれほど大きく

ないので、(IV) は小さい。奇妙な動物を見るというのは発話者にとって普段
とは異なる状況であり、初対面の相手が気遣って発話者の質問に答えてくれ
たことを「親切」であると感じているのである。

(6) と同じ条件のものに、次の (7) もある。

I 普段と異なる状況×II 初対面×III 気遣う×IV 負担が小さい

(7)　えあるバスツアーに参加したところそこにあの私達以外に日本人二人
　　　の男性がいらっしゃいまして、まー何か親しく話し掛けてくださった
　　　りして色々チョコレートくださったりとか親切にしてくださったんで
　　　すが。　　　（講演 ID：S00F0047、講演者 ID：222、女性、30 代前半）

(7) は (I) 海外という普段とは異なる状況で、(II) 初対面の人から (III) 親
しく話し掛けてくれたり、チョコレートをくれたりといった気遣いを受けた
ことを「親切にしてくださった」と述べている。相手は自発的に発話者に気
遣いを行っているので、(IV) 負担は小さい。ちょっとした行為であっても、
海外で初対面の相手からしてもらうと「親切」であると感じる。

　一方で、サービス業に従事する人に対しては、一般の人に対して「親切」
であると感じる条件と異なる点がある。

I 困った状況×II 初対面×III 気遣う×IV 負担が大きい

(8)　お店の人も結構親切でこの前お花屋さんにうちにアリんこが大発生し
　　　てしまいまして。食虫植物を買いに行ったんですよ。お花屋さんにそ
　　　したらお花屋さんがアリは食虫植物は食べれぬ食べないんだよって言
　　　われまして。アリはね食虫植物と共存してしまうのっていう説明をし
　　　てくれておまけに何かアリを退治したかったらアリの巣ころりを買っ
　　　買いなって言って教えてくれました。で買わないで出てきたのに嫌な
　　　顔もせずにまた来てねと言っていただいてうんそれが私のこの自分の
　　　住んでる町の一番好きなポイントです。

　　　　　　　　（講演 ID：S03F1162、講演者 ID：808、女性、20 代前半）

(8)は、(Ⅰ)発話者の家にアリが大発生するという困った状況になった際、(Ⅱ)訪れた花屋の店員が(Ⅲ)アリへの対処法を教えてくれただけではなく、(Ⅳ)店で何も買わなくても嫌な顔もせずに接してくれたことに対して、「親切」であると感じている。先ほど、ある人の負担の程度は他の指標と比べてさほど重要ではないと述べたが、それは一般の人に対してである。サービス業に従事する人に「親切」であると感じるか否かは相手の負担が大きいかが重要になる。(8)のように、何も買わない客に有益な情報を与えるというのは、通常のサービスを超えており、店員の負担が大きい。そのような場合、「親切」であると評価される。CSJでは他にも、フェリー会社の従業員、バスの運転手、パソコンショップの店員、ホテルのスタッフ、大家、派遣会社の担当者などに「親切」であると感じていたが、通常のサービスには「親切」であると感じず、通常のサービス以上のことをしてくれたときに「親切」であると感じていた。

　しかし、次の(9)のような場合もある。

Ⅰ 普段と異なる状況×Ⅱ 初対面×Ⅲ なし(仕事)×Ⅳ なし(仕事)

(9)　　あのーす親しみ易いスタッフということでスタッフの方はあのどの方もとてもあのー親切でんで特に日本人が泊まりますと、あのー無視したりというんではないんですけれども、他のアメリカ人の客に比べて対応が違ったりすることもあるんですが、そんなことはなくて本当にいつでも話し掛けてくださって。

　　　　　　　　　（講演ID：S00F0631、講演者ID：705、女性、30代後半）

　(9)は、(Ⅰ)海外旅行先のホテルで、(Ⅱ)外国人スタッフが(Ⅲ)発話者にいつでも話し掛けてくれたことに「親切」であると感じている。ホテルのスタッフにとって客を気遣うことは仕事であるので、(Ⅲ)配慮と(Ⅳ)負担はないと考える。それでもホテルのスタッフを「親切」であると感じているのは、外国人スタッフからサービスを受けることを期待していなかったが、予想外に通常のサービスを受けたからである。これは特殊なケースである。

3.3 ある人を「親切ではない」と感じるとき

　ある人を「親切」であると感じる条件について見てきたが、では、ある人を「親切ではない」と感じるのはどんなときであろうか。

　まず、発話者の現在の状況に何ら問題がなく、他人からの気遣いを求めていない場合、相手(特に、つきあいの長い相手)から何らかの行為を受けたとしても「親切ではない」と評価することがある。

Ⅰ なし(普段通り)×Ⅱ なし(長い)×Ⅲ 気遣う×Ⅳ 負担が大きい

(10)　自分のあのえー余っているものとか後暇に任せて作ったものを自分の
　　　都合で人にあげて相手にいつもいつも喜べなんてあげる方の身勝手
　　　じゃないかなとも思ったりしました。そんなことがあって本当に親切
　　　な人って本当の親切って何だろうかと考えてしまいました。自分の思
　　　い込みでものをあげたりお節介を焼いたりするのが<u>親切ではない</u>と思
　　　いますけれども。

　　　　　　　　　　(講演 ID：S05F0512、講演者 ID：271、女性、60 代前半)

　(10)は、(Ⅰ)発話者が普段通りの状況にあるのにもかかわらず、(Ⅱ)付き合いの長い相手から(Ⅲ)手料理をもらったり、世話を焼いてもらったりすることを「親切ではない」と感じている。手料理を作ってあげたり、人の世話を焼いたりすることは(Ⅳ)負担が大きい。しかし、(10)のように、発話者がいつもと異なる状況や困った状況にない場合、付き合いの長い人から気遣いを受けると心理的な負担を感じ、「親切ではない」ひいては「おせっかい」であると評価する場合がある。

　また、「親切ではない」と評価するときには、ⅠとⅡだけではなく、Ⅳがない場合もある。

Ⅰ なし(普段通り)×Ⅱ なし(長い)×Ⅲ 気遣う×Ⅳ なし

(11)　私は田舎が大嫌いでした。コンビニすらなく刺激の全くない退屈な毎
　　　日もそうですが。一見<u>親切</u>に見えてプライバシーをずかずかと踏み込

んでくる人達との近所付き合いも過疎化を恐れてでしょうか。

（講演 ID：S00F0458、講演者 ID：1327、女性、20 代後半）

（11）は、（Ⅰ）発話者が普段通りの状況にあるにもかかわらず、（Ⅱ）付き合いの長い近所の人が（Ⅲ）発話者を気遣うことに対して、「一見親切に見えてプライバシーをずかずかと踏み込んでくる」と感じている。この場合、（Ⅳ）近所の人の負担はない。（11）のように、気遣いを必要としていないときに相手から気遣われると、「親切」どころか不愉快に感じることがある。

以上のように、「親切ではない」と感じるのは、（Ⅰ）発話者が通常の状況にあるのにもかかわらず、（Ⅱ）付き合いの長い人が（Ⅲ）気遣いをする場合である。その際、（Ⅳ）ある人の負担が大きい場合もあるし、負担が感じられない場合もある。ある人の負担が感じられない場合のほうが批判的に捉えられる。

本稿の 3.2 節で、サービス業に従事する人に対しては、一般の人に対して「親切」であると感じる条件と異なる点があると述べたが、「不親切」であると感じる場合も同じである。

Ⅰ 普段と異なる状況×Ⅱ 初対面（サービス業従事者）×Ⅲ なし×Ⅳ なし

（12）　で試験結果の方はえ一か月後ぐらいに発表になるそうなのですが。え<u>合格した人には合格通知不合格の人には何も来ないというまちょっと不親切なえー対応ではあるのです</u>が。そういうことになっておりました。　　　　（講演 ID：S05M0417、講演者 ID：251、男性、20 代前半）

ある機関の担当者が、合格した人に合格通知を送っても「親切」であると思われないが、不合格の人に不合格通知を送らないと「不親切」であると評価される。（12）は、（Ⅰ）発話者が試験の結果発表を待つという普段とは異なる状況にあり、（Ⅱ）ある機関から（Ⅲ）結果通知書が送られてこないことに「不親切」であると感じている。結果通知書が送られてこないので、（Ⅳ）相手の負担はない。このように、発話者が普段と異なる状況にあり、サービス

業従事者が通常のサービスを行わないことを「不親切」であると評価している。

3.4 「親切」が皮肉として使われるとき

「親切」が皮肉として使われることもある。

Ⅰ 困った状況×Ⅱ 初対面×Ⅲ なし（迷惑）×Ⅳ 負担が大きい

(13)　あのー飛び込みの調査が多いんですけれども、えー門のインターホンぴんぽんと鳴らすとまー快く開けてくださる方半分までいらっしゃらないんですね。（中略）あるいはそのなかなかかえん会社勤めの方があの家に戻られないえー夜ん遅くまでその玄関先うろうろ回ってるとその近所の人が<u>親切</u>に警察に通報してくれるそれで警察官があのパトカーで回ってきてお前この頃この辺うろついてるけれどもというこで誰何されたりですねまそういううーあの色んな経験をしながらあのうー仕事をしております。

（講演 ID：A03M0175、講演者 ID：1083、男性、50 代前半）

（13）は、（Ⅰ）調査が進まず困っているとき、（Ⅱ）面識のない人が、（Ⅲ）発話者のことを警察に通報したという状況である。警察にわざわざ通報することは、（Ⅳ）負担が大きいと言える。通常の「親切」の使い方と（13）を比べると、（Ⅰ）発話者が困っている、（Ⅱ）初対面、（Ⅳ）ある人の負担が大きいという点は同じであるが、（Ⅲ）ある人の配慮が大きく異なる。ある人の行為は発話者の助けになるどころか、非常に迷惑なものであり、そのことを遠回しに非難するのに「親切」を用いている。

4.　まとめ

本稿は、「親切」という語を誰に対してどのような状況で使うのかを『日本語話し言葉コーパス』を資料とし、調査・分析した。その結果、ある人を

「親切」であると感じるか否かは、「Ⅰ 発話者の状況」「Ⅱ ある人との付き合い」「Ⅲ ある人の配慮」「Ⅳ ある人の負担の程度」という４つの指標をもとに考えると分かりやすいことを述べた。ある人を「親切」と感じるのは、Ⅰについては、発話者が普段と異なる状況にあるときであり、特に困っているときである。Ⅱについては、ある人との付き合いが短いときであり、特に初対面の場合である。Ⅲについては、発話者のことを気遣う様子が感じられる場合であり、特に発話者を手伝ったり助けたりしたときである。Ⅳについては、ある人の負担が大きい場合であるが、他の指標と比べて重要ではない。

　最後に、なぜ「母は親切です」が不自然に感じるのかをまとめる。（Ⅰ）から(Ⅳ)の指標で考えると、（Ⅰ）母と一緒にいるときは普段通りの状況であるときが多く、（Ⅱ）母とは付き合いが長く、（Ⅲ）母に気遣う様子が感じられない。よって(Ⅳ)負担も小さい。このように、すべての指標が当てはまらないため、「母は親切です」という表現は不自然であると感じるのである。

注

1　すべての漢字に振り仮名が示されているが、本稿では省略する。また、品詞や対義語の記述も省略する。

2　CSJで「親切」は 102 件用いられているが、「親切心」（6件）、語の説明として用いられているもの（5件）、文章のタイトルに含まれているもの（3件）、「不親切」（2件)は分析対象外とし、残りの 86 件を分析対象とする。ただし、3.3 節で「不親切」の例を 1 件取りあげて説明する。

参考文献

加藤恵梨・藤田裕一郎 (2017)「ナ形容詞の適切な使用場面について考える―初級・初中級で学ぶ表現を中心に」『日本語教育方法研究会誌』24 (1)：pp.16–17. 日本語教育方法研究会

前川喜久雄 (2004)「『日本語話し言葉コーパス』の概要」『日本語科学』15: pp.111–133. 国立国語研究所

山田忠雄・倉持保男・上野善道・山田明雄・井島正博・笹原宏之 (2020)『新明解国語辞典』第 8 版. 三省堂

スリーエーネットワーク(2012)『みんなの日本語　初級Ｉ　第 2 版　翻訳・文法解説
　　英語版』スリーエーネットワーク

砂川有里子(監修)(2020)『ねっこ　日日学習辞書　動詞・形容詞 300』三修社

使用アプリケーション

コーパス検索アプリケーション『中納言』https://chunagon.ninjal.ac.jp/

どうぞよろしく。

1.　はじめに

　日本語学習をはじめた学習者にまず導入される表現のひとつに「どうぞよろしく」がある。自己紹介の末尾に使用する表現として、日本語教育従事者であれば、一度は指導したことがあるだろう。

　筆者がこの「どうぞよろしく」と最初に出会ったのは、大学入学直後の日本語教育実習見学の際である。先輩に当たる実習生の授業が始まる前に、見学者たちも集められ、実習授業を受けるクラスの学習者たちと事前に挨拶をする段になった。先輩方がお手本として「(名字)です。どうぞよろしく。」と自己紹介をする様子がこなれた感じで、さすが先輩と、筆者を含む一年生たちもそれに続いて挨拶をした。しかし、この時、なんとなく違和感を感じたのを20年近くたった今でも記憶している。

　それまで筆者が自己紹介の際に使用する表現として家庭や学校で習ったのは、「どうぞよろしくお願いいたします」、「どうぞよろしくお願い申し上げます」、「よろしくお願いします」、「よろしく」などで、「どうぞ」＋「よろしく」という組み合わせではなかった。そのため、学習者を前に「どうぞよろしく」と挨拶したものの、なんとなく不自然な感覚を抱いたのである。

　「どうぞよろしく」が当該教室で使われた理由は、使用されていた初級総合日本語教科書『SITUATIONAL FUNCTINAL JAPANESE　Volume1: Drills Second Edition』(筑波ランゲージグループ、1996、凡人社) で扱われていたからであろう。実際に見てみると、以下のように記述されている。

(1)　　a.　Two students introduce themselves to each other.

　　　A：はじめまして。＿＿＿＿＿です。どうぞよろしく。

　　　B：＿＿＿＿＿です。どうぞよろしく。

『SITUATIONAL FUNCTINAL JAPANESE Volume1 :

Drills Second Edition』p.11

　本稿では、この「どうぞよろしく」が教育現場と実際のコミュニケーション場面でいかに使用されているのか、その実態を明らかにすることを目的とする。具体的には、①「どうぞよろしく」は複数の初級総合日本語教科書で扱われているものの、②実際のコミュニケーション場面では使用されることは少ない、という二つの仮説を立てて後述する教科書掲載語彙データベースとコーパスを用いてアプローチする。

2.　日本語教科書における「どうぞよろしく」

　特定の表現が初級総合日本語教科書で扱われているか否かを確認するためには、教科書掲載語彙のデータベースが必要である。そこで筆者は、1950年代から 2000 年代に発行された初級総合日本語教科書の掲載語彙がまとめられたデータベース（田中 2016）をもとに、「よろしく」が用いられている事例を抽出した。対象とした初級総合日本語教科書を以下の表 1 に示す。

表 1　調査対象教科書

【50 年代】
清岡瑛一（1953）『Japanese in thirty hours: first course in Japanese language for either class room use or for self study』Hokuseido Press
国際学友会日本語学校編（1954）『日本語読本』（巻 1）国際学友会
鈴木忍・阪田雪子（1954）『NIHONGO NO HANASIKATA』国際学友会
長沼直兄（1955）『改訂標準日本語読本巻一』長風社
国際学友会日本語学校編（1959）『よみかた』国際学友会
【60 年代】
小川芳男・佐藤純一（1963）『日本語四週間』大学書林

大阪外大留学生別科（1967）『Basic Japanese: intensive course for speaking and reading1–2』Osaka University of Foreign Studies

【70年代】

小出詞子（1971）『Easy Japanese: A steady but speedy way of learning Japanese1–3』Let's Co.

外務省（1971）『First-step in Japanese 日本語入門』外務省

森有正（1972）『日本語教科書』大修館書店

吉田弥寿夫他（1973）『あたらしい日本語』学研

国際学友会日本語学校編（1974）『中国人のための日本語』国際学友会

米加十一大学連合日本（1975）『Basic situational Japanese Ⅰ』Inter-University Center for Japanese Language Studies

Yosuo Yoshida, Nao'omi Kuratani, Shunsuke Okunishi; editorial adviser, Tetsuo Shibata（1976）『日本語入門』学習研究社

水谷修・水谷信子（1977）『日本語』The Japan Times

曽我松男他（1978）『英文基礎日本語』大修館書店

【80年代】

名古屋大学総合言語センター日本語学科（1983）『A course in modern Japanese1–2』University of Nagoya Press

早稲田大学語学教育研究所（1984）『外国学生用基礎日本語』早稲田大学語学教育研究所

ソニー・ランゲージ・ラボラトリー（1985）『にほんご 1–4』ソニー・ランゲージ・ラボラトリー

高見沢孟（1986）『Executive Japanese: beginner's guide to corporate communications』ASK Kodansha

水谷修（1986）『Natural Japanese』SONY

文化外国語専門学校日本語科（1987）『文化初級日本語』文化出版局

言語文化研究所附属東京日本語学校（1988）『長沼新現代日本語』言語文化研究所

長崎大学総合科学大学別科日本語研修課程（1989）『別科・日本語Ⅰ』長崎総合科学大学

日米会話学院日本語研修所（1989）『日本語でビジネス会話　初級編：生活とビジネス』凡人社

【90年代】

Susumu Nagara（1990）『ジャパニーズ・フォー・エブリワン』学研

海外技術者研修協会（1990）『しんにほんごのきそ I–II』スリーエーネットワーク

片桐ユズル（1990）『はじめての日本語』大修館書店

東海大学留学生教育センター（1991）『日本語初級 I–II』東海大学出版会

いしいようこ（1991）『楽しく学べる日本語初級コース』アルク

TOP ランゲージ日本語研究会（1992）『技術研修生のためのにほんご 100 時間』TOP ランゲージ

水谷信子（1992）『現代日本語初級総合講座』アルク

能登博義（1992）『コミュニケーションのための日本語入門』創拓社

愛知大学短期大学部留学生別科テキスト編集会議（1993）『愛知大学初級日本語 1–4』愛知大学短期大学部留学生別科運営委員会

久保田美子他（1993）『入門日本語』アルク

The California Association of Japanese Language Schools（1994）『やさしいにほんご』成美堂

東京外国語大学留学生日本語教育センター（1994）『初級日本語　新装版』凡人社

寺内久仁子・白井香織・草刈めぐみ（1996）『にほんご1・2・3上，下』アルク

国際基督教大学（1996）『ICU の日本語：初級1-3』講談社インター

アークアカデミー（1998）『風のつばさ：ここは楽しい日本語の世界』アークアカデミー

日暮嘉子（1998）『初級実践日本語1-3』アルク

スリーエーネットワーク（1998）『みんなの日本語初級1-2』スリーエーネットワーク

東京外国語大学留学生日本語教育センター（1999）『実力日本語：豊かな語彙・表現力をめざして　上，下』アルク

坂野永理他（1999）『初級日本語［げんき］1-2』ジャパンタイムズ

【2000 年代】

文化外国語専門学校日本語課程著作・編集（2000）『新文化初級日本語1-2』凡人社

山内繁勝（2001）『Step up Nihongo 1-2』英治出版

放送大学（2002）『日本語 I ―外国語としての―』放送大学教育振興会

「日本語のひろば」編集委員会（2002）『日本語のひろば　第1巻』朝日出版社

小山悟（2002）『ジェイ・ブリッジ1-2』凡人社

木川和子・松井充子他（2002）『（初級）語学留学生のための日本語 I-II』凡人社

日本語教育教材開発委員会編（2005）『学ぼう！にほんご　初級 I-II』専門教育出版

東京 YMCA（2005）『CD エクスプレス日本語』白水社

コーベニ澤子・ケネス G ボストン（2006）『リビングジャパニーズ　BOOK1』くろしお出版

TIJ 東京日本語研修所（2006）『はじめよう日本語　初級1-2』スリーエーネットワーク

横田淳子・小林幸江（2007）『マリアとケンのいっしょににほんご　「学び」につながる16の活動』スリーエーネットワーク

松本節子・長友恵美子・佐久間良子（2007）『ビジネス日本語 Drills』ユニコム

倉持素子（2007）『日本語50の鍵』AZ Japanese Service

高見沢孟監修（2007）『にほんごではたらこう1-2』グローバルエデュケーション

刈田カイ・佐藤乃理子（2008）『ニューエクスプレス』白水社

豊里幸子（2008）『だいすき！　日本語』チャールズ・イー・タトル出版

山﨑佳子・石井怜子・佐々木薫・高橋美和子・町田恵子（2008）『日本語初級1-2　大地』スリーエーネットワーク

JAL アカデミー編（2009）『にほんご Breakthrough』アスク出版

Otemachi Language Group（2009）『まるごとビジネス日本語初級1-3』The Japan Times

宿谷和子・天坊千明（2010）『いっぽにほんごさんぽ暮らしの日本語教室　初級1』スリーエーネットワーク

李徳泳・小木直美・當眞正裕・米澤陽子（2010）『日本語がいっぱい』ひつじ書房

　分析の結果を表2に示す。「どうぞよろしく」の導入が初級総合日本語教科書で見られるのは1971年に刊行された『First-step in Japanese 日本語入

門』(外務省)からであり、1980年代では9種の初級総合日本語教科書のうち4種(44.4%)に見られる。1990年代(47.4%)、2000年代(47.6%)についても、それぞれ対象とした教科書の約半数が「どうぞよろしく」を扱っている。今回、対象とはしていないが、ビデオ教材『ヤンさんと日本の人々』(国際交流基金、1983)でも、スキットに「ヤンです。どうぞよろしく。」が見られ、「どうぞよろしく」の用例が存在する。1980年代以降の教材には、かなり広く浸透していたことが窺い知れる。

表2　各年代の教科書に見られる用例とその数

	どうぞよろしく	よろしくおねが(願)いします	どうぞよろしくおねが(願)いします	よろしく	よろしくお願いいたします	どうぞよろしくお願い申し上げます
1950年代 (5種)	—	—	—	—	—	—
60年代 (2種)	—	—	1 (50.0%)	—	—	—
70年代 (9種)	2 (22.2%)	1 (11.1%)	1 (11.1%)	—	—	—
80年代 (9種)	4 (44.4%)	3 (33.3%)	2 (22.2%)	2 (22.2%)	—	—
90年代 (19種)	9 (47.4%)	5 (26.3%)	1 (5.3%)	2 (10.5%)	1 (5.3%)	—
2000年代 (21種)	10 (47.6%)	6 (28.6%)	8 (38.1%)	2 (9.5%)	—	1 (4.8%)

　また、「どうぞよろしく」以外にも指導例は見られ、表2に示したように「よろしくおねがいします／よろしくお願いします」、「どうぞよろしくおねがいします／どうぞよろしくお願いします」、「よろしく」、「よろしくお願いいたします」、「どうぞよろしくお願い申し上げます」の順で、扱われている初級総合日本語教科書の数が多い。ただし、全体では、自己紹介の挨拶表現として、「どうぞよろしく」が最も多くの教科書で扱われていることが明らかとなった。

3.　「どうぞよろしく」の自己紹介場面での使用実態

　それでは、実際のコミュニケーション場面での使用実態はいかなるものなのであろうか。この節では、教科書調査の結果を踏まえ、「どうぞよろしく」のほか、「よろしくお願いします」「どうぞよろしくお願い申し上げます」な

ども視野に入れ、用例を収集して考察と分析を行う。

3.1 調査方法と調査結果

　用例を収集するにあたり、下記の五つの現代日本語話し言葉コーパスを用いて調査を行った。コーパスのより詳しい情報については、藤村・大曾・大島(2011)、現代日本語研究会(2011)、宇佐美(2021)を参照されたい。

表3　本稿で扱う現代日本語話し言葉コーパス

	名称	概要
【1】	『日本語話し言葉コーパス』（以下「CSJ」）	学会の講演やインタビュー、朗読などの対話と独話データが661.6時間分収集された話し言葉研究用コーパス。
【2】	『日本語日常会話コーパス』モニター公開版（以下「CEJC」）	調査協力者40名の日常生活で生じる会話を収録したコーパスで、モニター公開版では50時間分の会話が利用できる。
【3】	『名大会話コーパス』（以下「NUCC」）	129会話約100時間の雑談が文字化されたコーパスで10代から90代まで幅広い層の話者による会話が収められている。
【4】	『現日研・職場談話コーパス』（以下「CWPC」）	20代から50代の有職の男女による職場での会話が収録されている。各会話は10分間分文字化されている。
【5】	『BTSJ日本語自然会話コーパス（トランスクリプト・音声）2021年3月版』（以下「BTSJ」）	大学（院）生、教師、社会人による友人同士の雑談や初対面の雑談など446会話112.5時間が収録されているコーパス。

　【1】から【4】のコーパスはオンラインコーパス検索アプリケーション『中納言』に搭載され、【5】は申請手続きを行えば会話データと音声ファイルを入手することができる。なお、『現代日本語書き言葉均衡コーパス』においても「よろしく」をめぐる用例は見られたが、小説中での使用例が多いため、他の話し言葉コーパスの用例と性質が異なると判断し本稿では扱わないこととする。

　用例抽出の方法として、【1】～【4】での検索条件は、「よろしく」を含むものと含まないものが考えられるため、「よろしく」と「お願い」を検索キーとした。表記(例：宜しく、よろしく、お願い、おねがい等)の違いによる影

響を防ぐため、短単位検索を行った。短単位検索を行うための語彙素は『日本語日常会話コーパス(モニター公開版)』の「文字列検索」でそれぞれ「よろしく」「お願い」を検索し、下記を確認することができた。

(2)　キー：語彙素＝宜しく　　語彙素読み＝ヨロシク
(3)　キー：語彙素＝願う　　　語彙素読み＝ネガウ

　検索結果はダウンロードし集計を行なった。各用例の数を表4に示す。

表4　CSJ、CEJC、NUCC、CWPC の検索結果

	コーパス名	「よろしく」	「お願い」
【1】	CSJ	349 例	841 例（530 例）
【2】	CEJC	60 例	279 例（242 例）
【3】	NUCC	42 例	131 例（109 例）
【4】	CWPC	42 例	111 例（ 82 例）

　表4について、「お願い」の列に記された括弧内の用例数はキーの前文脈に「よろしく」が存在するものを除いた用例数である。除外する際には、検索結果の Excel ファイル内にある「反転前文脈」列を最優先キーとして並べ替え、さらに目視で除外した。今回は自己紹介場面での用例に絞って考察したいため、コーパスからダウンロードした用例のうち、自己紹介場面での用例を目視で抽出した。

　さらに、【5】BTSJ のデータ情報一覧から、Excel のフィルター機能を用いて会話条件が日本語母語話者同士にあたる初対面会話を抽出した。合計 121 会話のデータが得られた。該当する会話の Excel ファイルにおいて「よろしく」「お願い」をそれぞれ検索し用例を収集した。

　分析の結果、CSJ、CEJC、NUCC、CWPC、BTSJ の五つのコーパスにおいて、自己紹介場面での「どうぞよろしく」の用例は0件であった。つまり、「どうぞよろしく」は、多くの初級総合日本語教科書で扱われている表現であるにもかかわらず、実際のコミュニケーション場面では使用されていないことが明らかになった。このことは、「どうぞよろしく」は、日本語教科書

やビデオ教材などを通して利用される日本語教育実践現場特有の表現であることを示唆しているとも考えられる。

　では、実際のコミュニケーション場面では、「どうぞよろしく」の代わりに、どのような表現が使用されているのであろうか。表5に、得られた用例を件数と併せて示す。

表5　対象コーパスにおける自己紹介場面での表現パターンと用例数

	BTSJ	CSJ	NUCC	CWPC	合計
よろしくお願いします	105	53	1	1	160
お願いします	49	—	—	—	49
よろしくお願いいたします	1	38	—	—	39
どうぞよろしくお願いいたします	—	10	—	—	10
どうもよろしくお願いします	4	—	—	—	4
よろしく	3	—	—	—	3
どうぞよろしくお願いします	—	2	1	—	3
こちらこそよろしくお願いします	2	—	—	—	2
どうぞよろしくお願い申し上げます	—	2	—	—	2
どうぞよろしくお願いを申し上げます	—	2	—	—	2
よろしくどうぞお願いします	—	1	—	—	1
よろしくどうぞお願いいたします	—	1	—	—	1
どうかよろしくお願いします	—	1	—	—	1
どうもよろしくお願いいたします	—	1	—	—	1
どうぞよろしく	—	—	—	—	0
合計	164	111	2	1	278

　表2に示した日本語教科書での出現パターンと比較すると「どうぞよろしく」が0例であることがやはり目立つが、その他にも、「よろしく」と「どうぞよろしくお願いします」の用例数が少ないことも特徴として挙げられる。表5に示したように、大学(院)生の初対面会話でも「よろしく」の使用は2%に過ぎない。また、「どうぞよろしくお願い」の文末には「いたします」「申し上げます」などのほうが多く使用されていることがわかる。

　全体を見ると、「日本語話し言葉コーパス」(CSJ)と「日本語自然会話コーパス」(BTSJ)に用例は多く見られ、パターンも多様である。次節では、各種コーパスの特徴を踏まえつつ、それぞれの表現が用いられている場面、人間関係、話者の年齢といった点を見ていきたい。

3.2 『日本語話し言葉コーパス』(CSJ) の分析

　まず、CSJ の 111 例について見てみよう。場面内訳を見ると、表6のように 111 例のうち、学会発表の例が 102 例を占めていることがわかる。

表6　CSJ の 111 例

場面	用例数
独話・学会	102 例（91.9%）
独話・模擬	3 例（ 2.7%）
独話・再朗読	1 例（ 0.9%）
独話・その他	5 例（ 4.5%）

　表5と表6とを合わせて見ると、学会発表の冒頭での自己紹介では「よろしくお願いします」か「よろしくお願いいたします」が主に使用されていることがわかる。例えば、下記(4)(5)のようなパターンである。

(4)　えー東京大学の大学院のえー＊＊と申しますえーよろしくお願いいたします。えー題名は＊＊とえーいうものです。

(5)　千葉工業大学の＊＊です。よろしくお願いします。＊＊について MEG を用いて検討しましたので報告いたします。

　(4)のように、「よろしくお願いいたします」を用いる際には、前文脈に「(名字)と申します」「(名字)でございます」という丁寧な表現が用いられやすい(38 例中 28 例、73.7%)。それに対し、「よろしくお願いします」は、(5)のように「(名字)です」「(名字)と言います」とする例がやや多い(53 例中 31 例、58.5%)。なお、性別、年齢については特に特徴的な傾向は見られなかった。

　また、「どうぞ」の例では、下記(6)(7)のように文末に「いたします」や「申し上げます」を持つ表現と併せて使用される例がほとんどである(14 例中 12 例、85.7%)。前接文脈も丁寧度が高い表現「～と申します」が用いられやすい傾向が見られる。

(6)　日本女子大学大学院の＊＊と申します。<u>どうぞよろしくお願いいたします</u>。

(7)　山脇学園中学高等学校の＊＊と申します。<u>どうぞよろしくお願い申し上げます</u>。

　ユニークな例としては、「よろしくどうぞお願いします／よろしくどうぞお願いいたします」「(どうも／どうか)お願いいたします／(どうも／どうか)お願いします」がある。話者の属性を見ると、いずれも男性であり、「よろしくどうぞお願いします／よろしくどうぞお願いいたします」(2例)は40代後半と50代後半、「どうかお願いします」は20代後半、「どうもお願いいたします」は30代前半の話者による発話である。

　「どうも」の使用は『日本語自然会話コーパス』にも見られる。話者属性としては4例のうち2例が20代前半の女性、2例が30代前半の男性であった。つまり、今回の調査では「よろしくどうぞ〜」は40代50代に、「どうも」は20代30代にのみ使用が見られる。用例数が十分ではないため一般化することはできないが、世代間で異なる特徴が存在することが示唆される結果となった。

3.3　『BTSJ日本語自然会話コーパス』の分析

　BTSJにおける164例のうちでは、「お願いします」「よろしくお願いします」が9割以上を占めている。ここでは、これら二つのパターンの話者属性を見てみる。

　まず、他のコーパスで用例が見られなかった「お願いします」についてであるが、話者の性別、発話対象の性別については特徴が見られなかった。年齢については、49例中1例のみが35歳の社会人で、他の例は全て19歳、20代前半の大学生、大学院生であった。

　また、大学(院)生の会話では、名前の後に使用される(8)(9)ほか、「はじめまして」の後に使用されることもある(10)。

(8) JM089： えーと自分は、えーっと2年の、コンピューター応用学科の
＊＊って言います。<u>お願いします</u>。

JM090： <u>お願いしまーす</u>。えっと自分は、1年生の、えっとコンピュー
ター応用学科の＊＊と言います(あー)。<u>よろしくお願いしま</u>
<u>す</u>。

JM089： <u>お願いしまーす</u>。

(9) JM099： 僕、＊＊＊＊っていいます。

JF208 ： あっ、＊＊＊＊さん。

JM099： はい。

JF208 ： あっ、<u>よろしくお願いします</u>。

JM099： じゃ、＊＊さんでいいっすか?[↓]。

JF208 ： はい。じゃあ、＊＊さん。

JM099： はい。

JF208 ： <u>よろしくお願いします</u>。

JM099： <u>お願いします</u>。

JF208 ： はー[息を吸う音]、え、なにを話せば、いいんですかね
[↓]。

(10) JM085： えっと、初めましてー。

JM086： <u>お願いします</u>。

JM085： えっと、＊＊です。

JM086： はい、<u>よろしくお願いします</u>。

JM085： <u>よろしくお願いします</u>。

JM086： ＊＊ていいます(<笑い>)。<u>よろしくお願いします</u><笑い>。

JM085： といっても、なにから話し始めれば<笑い>(そう)、えへへ
へへ<笑い>、いいのか、あれなんですけど。

　このように、発話者の属性を調べた考察も行うことによって、その表現が
誰にどのように使われているかが明確になり、日本語学習者がどのような段
階で使用できるようになる必要があるのかも考察することができる。現実の

コミュニケーション場面では、少なくとも「どうぞよろしく」はあまり使用されていない。そのため、本節のように、自己紹介場面で使用されるその他の表現パターンと使われ方を把握した上で、学習者の属性や目的によって適切な表現を選び指導することが望ましいものと考えられる。

4. おわりに

　本稿では、「どうぞよろしく」が教育現場と実際のコミュニケーション場面とでいかに使用されているのか、その実態を明らかにするための調査と考察に取り組んだ。具体的には、①「どうぞよろしく」はかなりの数の初級総合日本語教科書で扱われているにもかかわらず、②実際のコミュニケーション場面では使用されることは少ない、という二つの仮説を立てて教科書掲載語彙データベースとコーパスを用いてアプローチした。

　結果、まず仮説①について、初級総合日本語教科書では、1970 年代から「どうぞよろしく」が指導されるようになり、1980 年代に入ると、「どうぞよろしく」が指導される教科書は増え、調査対象とした初級総合日本語教科書の当該年度に占める割合も実に 50% 近くにのぼる。1990 年代も 2000 年代も同様に調査対象とした教科書のうち約半数が「どうぞよろしく」を指導していることが明らかとなった。初級総合日本語教科書にはかなり広く浸透していることが窺い知れ、当該仮説についてはある程度、裏付けが取れたと言える。

　仮説②について、五つのコーパスを用いて実際のコミュニケーション場面で「どうぞよろしく」はどの程度扱われているかを分析した。結果、五つのコーパスを通じて「どうぞよろしく」の用例は見られなかった。また、「どうぞ」そのものの使用が極めて少なく、「お願いします」「よろしくお願いします」「どうぞよろしくお願いいたします／お願い申し上げます」が大半を占めることが明らかとなった。仮説②についても、実際のコミュニケーション場面では使用されていないことが裏付けられた。

　「どうぞよろしく」はとりわけ 1980 年代以降の多くの初級総合日本語教

科書で扱われているにもかかわらず、実際のコミュニケーション場面では使用されない傾向にあるわけであるが、このことは、初級総合日本語教科書で「どうぞよろしく」を指導することそのものが果たして有効なのか、ということを問い直すきっかけにもなると筆者は考える。

　初級の日本語教科書の中で「どうぞよろしくお願いいたします／お願い申し上げます」ではなく「どうぞよろしく」が取り上げられる事情には、学習者の習得のしやすさが挙げられることは筆者も推察することができる。特に、「どうぞよろしく」が指導されるのは最初の課、もしくは、かなり早い段階であるため、学習者の負担軽減や初期段階での躓き防止のためには、「どうぞよろしく」が指導されることも十分理解することができる。

　とはいえ、実際のコミュニケーション場面で用いられていない表現を指導して良いのかという点については検討の余地はあるだろう（Chaudron 1983, Neustupny 2005）。例えば、最も現実場面での使用事例が多かった「どうぞよろしくお願いいたします／お願い申し上げます」を指導するのは難しいにしても、「お願いします」「よろしくお願いします」を初級で指導し、「どうぞよろしくお願いいたします／お願い申し上げます」を中級以降で指導するなど、使用実態に基づく調整は可能であると考えられる。

　今回の調査で分析対象とした自己紹介場面における表現ひとつとっても、数多く存在する初級総合日本語教科書で指導される表現はある程度似通っている。このことは決して悪いことではなく、長年蓄積された日本語教育上の知見が体現された結果であると捉えることができるだろう。しかしながら、教育内容の精査・再考は、やはり続けていく必要がある（山内 2009、山内・前田 2010、田中 2016）。

　今回、対象とした初級総合日本語教科書のうち、「どうぞよろしく」は1970 年代から 2000 年代の複数の教科書で扱われている。しかし、実際のコミュニケーションに即した指導項目という観点（佐々木 2003）から考察してみると、実は現実世界では用いられていない表現が教科書で扱われている実態に気付くことができる。そしてまた、現実のコミュニケーション場面ではいかなる表現が扱われているかも把握することができる。本研究が用いた

コーパスをはじめ、教科書や教室実践で扱われる指導項目を検討する上で役立つツールや資源は日々豊かになっている。日本語教育の実践においては、こうしたさまざまな、貴重な検証ツールや資源を活用しながら、日本語教科書や日本語教育の内容を検討し、改善してゆくことが望ましいと考えられるのである。

付記
本研究は JSPS 科研費 18K12432 の助成を受けたものです。

参考文献
宇佐美まゆみ監修 (2021)『BTSJ 日本語自然会話コーパス(トランスクリプト・音声) 2021 年 3 月版』国立国語研究所、機関拠点型基幹研究プロジェクト「日本語学習者のコミュニケーションの多角的解明」
金澤裕之 (2008)『留学生の日本語は、未来の日本語—日本語の変化のダイナミズム』ひつじ書房
佐々木瑞枝 (2003)『生きた日本語を教えるくふう—日本語教師をめざす人へ』小学館
現代日本語研究会 (2011)『合本女性のことば・男性のことば(職場編)』ひつじ書房
田中祐輔 (2016)「第一章　初級総合教科書から見た語彙シラバス」山内博之(監修)・森篤嗣(編)『現場に役立つ日本語教育研究 2　ニーズを踏まえた語彙シラバス』pp.1–27. くろしお出版
藤村逸子・大曽美恵子・大島ディヴィッド義和 (2011)「会話コーパスの構築によるコミュニケーション研究」藤村逸子・滝沢直宏(編)『言語研究の技法—データの収集と分析』pp.43–72. ひつじ書房
山内博之 (2009)『プロフィシェンシーから見た日本語教育文法』ひつじ書房
山内博之・前田直子 (2010)「メール対談　日本語文法の未来を語る」『月刊日本語』23 (10): pp.28–33. アルク
Chaudron,C. (1983) 'Foreigner Talk in the classroom—an aid to learning?' in H. Seliger and M. Long (eds.) :*Classroom oriented Research in Second Language Acquisition*. Rowley, Mass.: Newbury House.
Neustupny, J.V. (2005) Foreigners and Japanese in contact situations: Evaluation of norm deviations. *International Journal of the Sociology of Language*, 175/176, 307–323.

愛ってやっぱ難しいじゃないですか

奥野由紀子

1. はじめに

　「やはり」の転訛表現である「やっぱ」「やっぱり」は日常的によく使われる。会話だけではない。昭和世代がよく知るやしきたかじんの代表曲と言えば、『やっぱ好きやねん』である。「悔しいけどあかん、あんたよう忘れられん、やっぱ好きやねん〜♪」とカラオケで熱唱した方も多いのではないだろうか。昭和世代だけではない。最近の女子中高生に人気の動画投稿サイトで活躍する Honey Works（通称ハニワ）は「告白実行委員会〜恋愛シリーズ〜」の楽曲『やっぱ最強！』においても、「♪大好きってやっぱ最強」と青春アニメーションをバックにイケボ[1]が歌っている。

　書籍のタイトルでもよく見かけるので、試しに検索をかけてみると、『原発はやっぱり割に合わない: 国民から見た本当のコスト』、『人間、やっぱり情でんなぁ』、『免疫学はやっぱりおもしろい』とぞろぞろ出てくる。

　学生の雑談に耳をそばだてると、このような感じである。

(1)　　あ、で、最近新人さんが入ってきてー、あー新人さんだから何もわかってないから、教えなきゃいけないってのはわかってるんだけど、やっぱ、忙しいとさ、ちょっと、うーん(笑)

　やはり、「やっぱり・やっぱ」は使いやすく便利なのであろう。一方、筆者が書いた一つ前の文冒頭下線部のように、論文やフォーマルな場面では

「やはり」が馴染むようである。タイトルの「愛ってやっぱ難しいじゃないですか」は、教師がインタビューしている中での留学生の発言であるが、フォーマルな場面や話す相手との関係によっては縮約形の「やっぱ」を用いると違和感が生じる場合もありそうである。

　このように一語の副詞においてスタイルにバリエーションがある転訛表現が存在する場合、日本語学習者はその使い分けをどのように習得していくのであろうか。本稿では、転訛表現を持つ副詞「やはり」に着目し、韓国語をL1とする日本語使用者を対象として、縦断的変化とその要因を探る。

2.　「やはり」「やっぱ」の先行研究

2.1　談話における「やはり」の機能

　談話における「やはり」は、一般的に、話し手の心的態度を表わすものであり、なんらかの先立つもの Q と「やっぱり (P)」の命題 (P) が一致することを表わし、話し手と聞き手の間に背景的知識が共有されなければならないとされる（森本 1994 等）。発話の前提として、社会の通念や世間一般の常識が存在しており、それと話者の判断や認識が一致している感覚と、「世間外れ」の恐れはないだろうという対世間意識を表した心的態度（甘 2018）であり、「自分の言うところは一般法則にあっている、その例外ではない」という意味で愛用される表現（金田一 1962）と捉えられている。また談話の中では、発話の前の段階で「P でない可能性も考えた」という「迷い」があったことを伝える、もしくは「迷い」があった振りをする談話標識であること、さらに形骸化した前置き的な使用もあることが指摘されている（金谷 2017）。川口 (1993) は、上記の「世間一般の常識・社会通念」「話者の主観」に加えて、「去年も暖冬だったが、今年もやはり暖冬で雪が少ない」のように、前提となる「客観的状況」に同様の情報を付加する機能を指摘している。

　また、『現代副詞用法辞典』によると、「やはり」は標準的な表現で公式の発言中心に用いられ、「やはり」の転訛表現は、「やっぱり」「やっぱし」「やっぱ」の順にくだけた表現となり、特に「やっぱし」「やっぱ」は若者中心に

日常会話中心に用いられるとされる。

2.2 日本語 L1 話者、日本語学習者が用いる「やはり」の研究

　日本語学習者が使用する「やはり」について、川口 (1993) は 2.1 項で示した「世間一般の常識・社会通念」「話者の主観」「客観的状況」の機能の解釈について、日本語 L1 話者と日本語学習者にアンケート調査を行った。その結果、「話者の主観」を前提とするものは習得しやすく、「社会通念」を前提とするものは習得しにくい可能性を示した。また、日本語を第一言語とする日本語 L1 話者が頻用する「やはり」の使用法を学ぶには、日本社会における社会通念を学ぶ必要を指摘している。

　伊東他 (2019) は独話による意見陳述を含む日本語の発話コーパス開発の中で「やっぱり・やっぱ・やはり」(以下「やはり」系) の使用実態を調べている。日本語 L1 話者、中国語 L1 話者、韓国語 L1 話者各 18 名を調査した結果、「同意・不同意を述べる」「どの程度賛成するか意見を述べる」「様々な話題について原因や解決法を述べる」場合に「やはり」系の使用が多く、話し手が聞き手と前提条件を共有していることを示しながら自らの主張を伝えるという機能が作用していることを指摘している。一方、日常生活や好きなことや自身の経験について説明する場合には、聞き手との前提条件の共有はそれほど必要ではないため、「やはり」系の使用頻度は低くなることを示している。また、「やっぱり」のくだけた表現である「やっぱ」が日本語 L1 話者の発話に一定数確認できることや、中国語 L1 話者は「やはり」の使用が多く「やっぱり」を上回ることを報告している。

　また村田 (2020) は、学習者コーパス(『多言語母語の日本語学習者横断コーパス (International Corpus of Japanese as a Second Language: I-JAS)』) (迫田ほか 2020)[2] を用いて、海外教室環境、日本国内教室環境、および日本国内自然環境で習得する日本語学習者の対話のなかに現れる縮約形や拡張形による音声転訛の使用実態を日本語母語話者と比較分析しており、そのなかで、「やはり」の転訛表現として「やっぱり、やっぱ」を取り上げている。分析の結果、「やはり」系の使用傾向について、日本語 L1 話者、日本語学習者にか

かわらず、基本的には「やっぱり」の使用が多いことを示している。また、日本語 L1 話者のデータからは「やっぱし、やっぱ」という表現の使用も全体の約 20% 確認されていることが指摘されている。以下図 1 は「やはり」系についての調査結果である（村田 2020: 215）。ここから、「やはり」の使用は教室指導を受けている日本国内の学習者 (JSL) が最も多く、約 30% が使用しており、次に教室指導を受けている国外の学習者 (JFL) が 10% 程度使用しているが、国内の自然習得の学習者や日本語 L1 話者による使用は少なく、逆に「やっぱ」の使用が他のグループよりも多いことが読み取れる。つまり、言語環境によって使用に違いがあることがうかがえる。

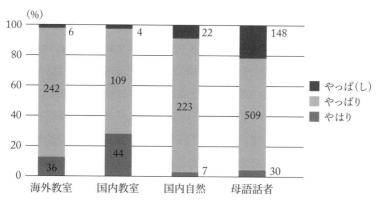

図 1 I-JAS による「やはり」系の出現頻度（村田 2020: 215 からの引用）

3. JFL 学習者の発話における「やはり」系

　上記の先行研究から、「やはり」のバリエーションは言語環境によってその使用に違いがあることがうかがえた。しかしながら、海外の教室環境においても転訛表現「やっぱ」を多く用いている学習者が少なからず存在していることがわかる。近年はオンラインで海外にいながらにして自然な L2 のインプットを受けることも可能である。そこでさらに詳しく、I-JAS から海外の教室環境で学ぶ JFL 学習者の「やはり」系の使用傾向と学習者の学習背景を見ることとする。I-JAS の 2 次公開データより、韓国語を L1 とする 45

名の対話タスク部を分析対象とした。表1に「やはり」系の使用形式と使用
人数、合計使用数を示す。

表1　韓国語を L1 とする JFL45 名の「やはり」系使用状況

形式	やはり	やっぱり	やっぱ
使用人数	7	22	5
合計	43	117	18

　分析の結果、L1 韓国語の JFL で「やっぱ」を用いているのは 45 名中 5
名に見られた。また、「やっぱ」合計 18 回は、その 5 名の中の 1 名【KKD27】
が 13 回用いており、特に使用の多い学習者の存在が数値に反映しているこ
とが明らかであった。
　そこで特に「やっぱ」の使用の多い【KKD27】について、アンケートに
よる学習背景情報を参照してみた。その結果【KKD27】は日常生活の中で
日本のテレビ、映画、アニメ、ドラマをインターネット上でよく見ていること
とがわかった。
　さらに「やはり」について見ると、43 回の使用の内訳として 7 名中 2 名
(【KKD38】【KKD41】)が 14 回ずつ用いていることがわかった。その 2 名
の学習背景情報を参照したところ、【KKD38】には留学経験があること、
【KKD41】は仕事で日本語を使う機会があることをアンケートで回答してい
た。つまり、JFL の学習者の約半数(45 名中 22 名)が「やっぱり」を使用す
るが、JFL であっても日本の映画やアニメ、ドラマなどを見ていると「やっ
ぱ」を使用し、留学経験や仕事で日本語を使うなど言語使用環境に影響を受
けている場合には「やはり」の使用が見られることから、同じ学習環境で
あっても受ける個人のインプットの質により影響され、使用する表現形式に
違いが生じる可能性がうかがえる。
　しかしながら、コーパスだけではどのように変化していくのか、実際にど
のようなインプットを受けているのかなど、その様相までは明らかにするこ
とはできない。そこで、自身で収集した縦断的な発話データやフォローアッ
プインタビューなどから、より具体的に見ていくこととする。

4. JSL学習者発話における「やはり」系の縦断的な使用傾向

　本節ではこれまでなされていない JSL の韓国語 L1 学習者 2 名の、時間の経過に沿って収集した縦断的な発話における「やはり」系の使用傾向と共に、その使用傾向の要因として、どのようなインプットを受け、どのような言語意識を持っていたのかについて具体的に見ていきたい[3]。

4.1　調査概要

　約 10 年間収集している OPI（Oral Proficiency Interview）の縦断データ（2006 〜 2017 年）を対象とする。OPI とは、L2 使用者の口頭能力の熟達度を測るためのテストであり、何ができるかという観点から約 30 分間のインタビューをもとに判定される（詳しくは鎌田他 2020）。分析対象者は韓国語を L1 とする元日韓共同理工系学部留学生 2 名（男性）のスンウとテオである。二人は、韓国と日本で半年ずつ予備教育を受け、日本の工学部に入学し、学部 4 年間を過ごした。その後スンウは日本国内の別の大学の大学院に入り、修士を修了し、韓国の研究所に勤務している。テオは 2 年次修了後、東日本大震災の影響で 1 年間休学し、アメリカへ短期の語学留学へ行き、その後学部 3 年次に復学した。また大学卒業後は韓国の軍人として 3 年間務めた後、除隊し、2017 年のインタビュー時点、日本の会社に勤務する予定であった。

　OPI による発話インタビューを来日時、予備教育修了後、各学年修了時に実施した。また卒業後も大学院卒業後や、一時的な来日の機会に OPI を実施し、10 年目までの縦断的なデータを収集した。両者共に、来日時の OPI 判定は「中の中」で最終的には「超級」に至っている。インタビューは全て文字に起こし、データとした。このデータをもとに、「やはり」系に着目し、各時期において、どの形式でどの程度使用されているのかその変化を示す。表 2 にスンウとテオの日本語能力の OPI 判定の変化を示す。

　なお、そのときどきの言語使用環境や、日本語に対する意識などのフォローアップインタビュー、よく話していた友人との自然会話もデータとし、スンウとテオの言語使用環境や言語意識などと合わせて考察を行うこととする。

表2　スンウ・テオの OPI 判定

	来日時	予備教育	1年次後	2年次後	3年次後	4年次後	大学院後	帰国後
スンウ	中中	中上	上中	上中	上上	上上	超	超
テオ	中中	上下	上中	上中	上上	上上		超

4.2　「やはり系」の縦断的な変化

　各時期の発話や L2 使用者によってバリエーションが見られた「やはり」系の使用状況を表3、表4に示す。なお、各インタビュー時間には若干の分数の差やレベルによる流暢さの違いがあるため、図2と図3には、インタビュー内の総語数における各形式の使用数を割合で計算し、その推移を示す。

表3　スンウの「やはり」系使用状況

	やっぱり	やっぱ	やはり
来日直後	0	0	0
予備教育	6	1	0
1年次後	9	1	0
2年次後	1	11	0
3年次後	6	15	0
4年次後	2	4	5
大学院後	2	1	3
帰国後	1	6	3

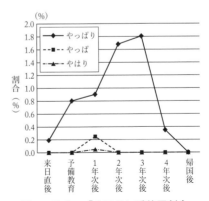

図2　スンウの「やはり」系使用割合

表4　テオの「やはり」系使用状況

	やっぱり	やっぱ	やはり
来日直後	3	0	0
予備教育	14	0	0
1年次後	16	5	1
2年次後	32	0	0
3年次後	32	0	0
4年次後	7	0	0
帰国後	0	0	0

図3　テオの「やはり」系使用割合

愛ってやっぱ難しいじゃないですか　125

以下にスンウとテオそれぞれの使用状況とその要因について考察する。

4.3　スンウの場合：所属コミュニティでのインプットの影響

　表3、図2をみると、スンウは「やっぱり」を、集中的に日本語を学んでいた予備教育修了後に初出（6回）し、1年次後は9回使用しているが2年次修了後にはその使用が減っている（1回）。それに代わり、学部生活の中で日本人の友人達と2年間過ごした2年次修了後は、予備教育修了後に初出した（1回）「やっぱ」を2年次後に11回と多用するようになっていることがわかる。以下に予備教育〜2年次後の「やはり」系の使用例を示す。

(2)　うん、漫画（日本語でそれは読むんですか）はい、＊＊＊。が、えいしゅつ
　　ていう野球のマンガがあるんですけど、これは、い、いちさつ、いち
　　ばんのやつだけで、読んで、これはやっぱりスラムダンクよりはちょ
　　と面白くないんですから。あ、これも、十分に面白いんですけど、やっ
　　ぱり私にマンガの第一はスラムダンクですから。（スンウ：予備教育）
(3)　あ、やっぱり、僕はなんか、親、両親が両方が全部日本で生活してた
　　ので、で、特に母さんの父さん、っていうかおじいさんとおばあさん
　　は、日本で結構住んでたんですよ、母さんも小学校、中学校、高校ま
　　でここで勉強してたんですから、結構、僕の韓国の友だち、周りの友
　　だちに比べると、あ、俺、まぁ、でも俺は結構日本に慣れてんじゃな
　　いかなと思ってたんですけど、なんか日本に留学が決まってからは、
　　やっぱちょっと不安ですね、全然行ったことなかったとこですから
　　　　　　　　　　　　　　　　　　　　　　　　　　（スンウ：1年次後）
(4)　ま、それ愛ってことなんですけど、結局哲学的な感じなんで、応用ま
　　では、応用までは言えないかもしれないですけど、なんか、ちょっ
　　と、愛って、単なる、やっぱ単なる感情じゃなくて、愛ってやっぱ難
　　しいじゃないですか、いろいろ考えることがあるのかなって、そうい
　　うふうに思いました。　　　　　　　　　　　　　　（スンウ：2年次後）

タイトルにもある「愛ってやっぱ難しいじゃないですか」は、2年次修了後から3年次修了後(15回)の「やっぱ」が多用された時期のものである。しかしながら、「やっぱ」は、研究室で大学院の先輩との接触多かった1年を過ごした後の4年次修了後に減少し始め(4回)、大学院修了時には1例のみとなっている。それに代わり、4年次後には、「やはり」が初出し、大学院後(3回)、帰国後(3回)と使用が継続されている。但し、帰国後の一時来日時に「やっぱ」は再び増え(6回)「やはり」(3回)、「やっぱり」(1回)と同時期に異なる形式を使用していることがわかる。

(5)　仮説ってあるじゃないですか、その、実験てその仮説ーでなんかこういう結果がなるんじゃない、結果になるんじゃないかなって、そういう予想した通り、そうデータ出てくればいいんですけど、やはり、そのー、なかなか出ないので、そういう実験て、で、結局聞くのは、ま、データーとかどう？いいデータとれた？とかほんとにそれだけですよね。　　　　　　　　　　　　　　　　　　　　（スンウ：4年次後）

(6)　その引っ越しが去年の4月ごろですかね、にありまして、でそのー、でやはり先生だけでは研究室の引っ越すのとかっていうこととか全て手が足りなくて、学生のほうに回そう、回そうとしてました。　　　　　　　　　　　　　　　　　　　　（スンウ：大学院後）

　スンウは、予備修了後の段階で日本人の友人と違和感なく話したい、学部の友人のコミュニティの一員になりたいという欲求が強かった。フォローアップインタビューにおいても、学部時代には日本人の友人と過ごすようにし、友人の話し方を真似するようにしていたと述べていた。そこで、実際にスンウが最も親しくよく話す日本語L1話者の友人との3年次後時点に録音していた会話を分析した。すると、約16分の会話の中に日本語L1話者の友人に、「やっぱ」が4回出現し、スンウには「やっぱ」が3回とよく似た出現傾向が見られ、確かに身近な友人からのインプットが影響していることがうかがえた。以下がその発話例である(Jは日本語L1話者)。

(7)　【日本語 L1 話者の友人との会話例】

J：　　　はあ（ため息）やっぱねー、だめだよ。あと睡眠不足はよくないね

スンウ：俺、最近あんまり、いや、眠れないっていうか、ねみい、いつもねむい

J：　　　まあね、まあ最初のうちは通いでもいいかもね

スンウ：うーん、でもやっぱ先生もその日、そう相談ってか、こういうふうにしゃべってて（うん）

スンウ：俺あんま行ったことないからね、そういう合コン（すげえなあー）

J：　　　なんかねー、ま、バイトはさー、金稼ぐ場所だからさー、そのー、飲み会で、金使っちゃったらあんま意味ないじゃん

　これらの会話からも日本語を L1 とする友人との相互作用により、発話スタイルに影響があったことが裏付けられる。同様に、研究室に所属し、大学院を目指していた時期や大学院修了時には、研究室での先輩や教授との接触が多く、誰とでも失礼なく話せるようになりたいと思っていたとのことから、「やはり」を使用するようになったと考えられる。帰国後一時来日時にまた「やっぱ」が増えたのは、上下関係に気をつかう日本語の使用がなくなり、一時来日時には、気のおけない友人と再会していたからではないだろうか。

4.4　テオの場合：言語使用の意識と自立した L2 使用者の一過程として

　一方、テオは、各時期を通して「やっぱり」を主に使用していることがわかる。特に予備教育後（14 回）、学部時代（16 回、32 回、32 回）と非常に多く用いている。しかし、4 年次後になると減り（7 回）、帰国後は使用されていない。「やっぱ」は 1 年次修了後に初出（5 回）しているが、その後の使用は観察されず、一時的に使用され収束していることがわかる。「やはり」の使用は 1 年次後の 1 回のみであった。

(8)　　　どうですかね。やっぱ厳しくして、お客さんが、ま、満足ができれば、

そふぁが、そのマイトウとか、店長とか、マネージャとしては、一番こう、やり、生きがい＜うん＞というか、そういう、義務を感じるみたいで、でしたね。僕は見る限りは。はい。　　　　（テオ：1年次後）

(9)　うーん、やっぱりその六人が全員が男なわけですよね。で、男六人が行ってる、え、要するに旅行あっちこち言ってるわけですので、やっぱり昔のすうがく旅行みたいな感じを、こうどんどん出してくる、くるんです＜うんうんうん＞、でそれをみて、やっぱり今の高校生も共感はできるし、昔々まあおじいさんとか年寄りの人も、えと、若い頃のその友達との思い出とかも思い出させるし。　（テオ：2年次後）

(10)　国は3年生から義務教育なんですけど、それってやっぱり、教科書の、あの読み、あの英語の文章を読むとか、CDを聞いたりするんですけど、やっぱり全然、リスニングやスピーキングの、そういう練習になってないんです、　　　　　　　　　（テオ：4年次後）

(11)　えっと、そうですね、あの、あ、結論から言うと、韓国も、保育園は足りない、本当に足りない状態で、えっと、大統領選挙があるたびに、こう出てくる公約の一つが、えっと無償保育園を増やす、っていうことですね。ただしそれが、良く守って、来たわけではないので、今本当に足りなくて、それーを解決するために、企業、大企業は、大企業の中で保育園を設置して、そのこう、しょくーいんの、こう、子どもたちを＜うんうん＞みてくれるっていうのもあるんですけど、その大企業じゃなくて、中小企業の、えっと、こう、親、なんかこう、特に母お母さんたちは、本当に戸惑っているのは、日本と同じです。
　　　　　　　　　　　　　　　　　　　　　　　（テオ：帰国後）

　テオは来日前からドラマや映画を見たり、来日後もバラエティーなどを積極的に見て話し方のロールモデルを設定したり、コンビニの店員としての話し方ができるように練習するなど、その場にあった話し方を常に心がけようという意識が高かったという。このようなL2使用者自身の言語に対する意識も発話スタイルに反映されていると考える。帰国後に行ったフォローアッ

プインタビューではテオ自身が、1年次修了後に一時期使用されていた「やっぱ」の使用に関する当時の意識について、以下のように振り返りコメントしている。

（12）　そのときの「やっぱ」っていうのは、やはり丁寧じゃない表現じゃないって知りつつ、なんとなく口から、出てきたと思いますよ。使い分けは知っていたけれど、聞きなれてるし、言いなれてるから友達同士で。なんで、先生にも言っちゃってる気がします。「あんまり」より「あまり」、「やっぱ」とか「やっぱり」より「やはり」、の方を意識して使おうとしてます、今は。でも、この時期（学部1年次修了時）はまだそういう意識はなくて、もうバンバンと出てくるんです。

　ここから、言語使用への意識が高いテオであるが、わかっていてもコントロールできない時期があり、その時期には普段友人と使用している言葉遣いが教師とのインタビューにおいても反映されていたことがうかがえる。また、先述したように、予備教育後、上級レベルとなったテオの段落形成期から「やっぱり」が多用されていることから、テオにとって「やはり系」は段落形成や会話を継続するための便利な標識としてフィラー的に使用されていた可能性が高い。4年後から帰国後の超級にかけては「やはり」系が減っていることから、その時期には「やはり」系に依らない段落形成が可能になったと考えられる。

　「やはり」系の談話機能として、話し手の心的態度を表わすというものがあり、なんらかの先立つもの Q と「やっぱり（P）」の命題（P）が一致することを表わし、話し手と聞き手の間に背景的知識が共有されなければならないとされる（森本 1994、蓮沼 1998 等）ことから、共感をつくりながらすすめていく機能があると捉えられる。言い換えると、相手の共感を得られないと不安を覚えるため、ストラテジー的に使用されたのかもしれない。

　金庭他（2011）、山森他（2012）では同じ2年半までの縦断データを用いて、韓国語 L1 学習者が「じゃないですか」のような確認要求表現を一時的に多

用する理由として、段落形成や、相手に確認しながら会話を継続できる便利な標識として認識している可能性について指摘している。「やはり」系も同様の便利な標識として使用していたが、超級となり、自立した話者になり使用が減ったと考えられるのではないだろうか。

5.　おわりに

　本稿では、先行研究から「やはり」系のスタイルのバリエーションは言語環境が影響していることが伺えたが、同じ言語環境であっても個人の受けるインプットにより使用する表現形式が異なる可能性があることを指摘した。さらに、コーパスではない自身の収集データを用いることで、「やはり」系のスタイルの縦断的変化には、周りのインプットと同時に、L2使用者自身がどのようなコミュニティに属したいかという思いや、それによる行動、言語使用に対する意識が関与していることがうかがえた。また、「やはり」系の使用は、自立したL2話者になる習得過程上に見られる便利な標識としての多用も関与している可能性が見られた。語の習得についても個々の行為主体性（agency）や言語意識などから包括的に見る必要性があることを指摘できるのではないだろうか。

追記
長年インタビューに協力してくれたスンウとテオに感謝いたします。
本研究はJSPS科研費JP19KK0055の助成を受けたものです。

注
1　「イケメンボイス」または「イケてるボイス」の略。
2　I-JASは、日本を含む20の国と地域で、異なった12言語を母語とするL2日本語使用者1,000人の話し言葉および書き言葉が収集されている。検索システムが備わっており、日本語能力を判定するテストの点数及び、L2使用者の言語使用に関する背景情報も見ることができる。

3 以降の縦断調査の結果は奥野(2021)に基づいており、本稿は奥野(2021)を大きく改稿したものである。なお、奥野(2021)では「やはり」系だけではなく、「あまり」系についても分析している。

参考文献

伊東克洋・半沢千絵美・畑佐由紀子・横山千聖(2019)「日本語母語話者・学習者を対象とした意見陳述コーパスの開発」『日本語教育方法研究会』Vol.25 No.2: pp.98–99.

奥野由紀子(2021)「日本語L2使用者の陳述副詞のスタイル変化—縦断的な発話データからの考察」東京都立大学人文科学研究科『人文学報』第517–7号：pp.11–23.

金谷由美子(2017)「「やっぱり」についての一考察—「一致説」への反論」『日本語・日本文化研究』27: pp.183–193. 大阪大学大学院言語文化研究科日本語・日本文化専攻

金庭久美子・山森理恵・奥野由紀子(2011)「日韓共同理工系学部留学生の縦断的な発話分析—終助詞を含む表現に注目して」『横浜国立大学留学生センター教育研究論集』第18号：pp.5–32. 横浜国立大学留学生センター

鎌田修・嶋田和子・三浦謙一・牧野成一・奥野由紀子・李在鎬(2020)『OPIによる会話能力の評価—テスティング、教育、研究に生かす』凡人社

甘能清(2018)「対世間関係から見た日本語の「世間的表現」について—「やっぱり」を例に」『成蹊大学文学部紀要』第53号：pp.125–135. 成蹊大学文学部学会

金田一春彦(1962)『日本語の生理と心理』至文堂

川口良(1993)「日本人および日本語学習者による副詞「やっぱり」の語用論的前提の習得について」『日本語教育』81号：pp.116–127. 日本語教育学会

迫田久美子・石川慎一郎・李在鎬(編著)(2020)『日本語学習者コーパスI-JAS入門—研究・教育にどう使うか』くろしお出版

蓮沼昭子(1998)「副詞「やはり・やっぱり」をめぐって」吉田金彦(編)『ことばから人間を』pp.133–148. 昭和堂

飛田良文・浅田秀子(2018)『現代副詞用法辞典 新装版』東京堂書店

村田裕美子(2020)「異なる環境で習得した日本語学習者の発話に関する計量的分析—対話に現れる音声転訛(縮約形・拡張形)に着目して」『計量国語学』32巻4号：pp.207–223. 計量国語学会

森本順子(1994)「話し手の主観を表す副詞について」『日本語研究業書7』くろしお出版

山森理恵・金庭久美子・奥野由紀子(2012)「中級停滞者の縦断的発話の分析—動詞語彙・単文・複文に着目して」『横浜国立大学留学生センター教育研究論集』第20号：pp.115–136. 横浜国立大学留学生センター

あんばい、どうですか？

嶋ちはる

1. はじめに

　第二言語としての日本語（以下、L2日本語）の習得には、環境が及ぼす影響があることは言うまでもない。特に日常会話であまり用いられない語の場合、そのL2日本語話者がどのような環境でその語を習得していったのかというのは非常に気になるところである。本稿では、そういった語の一つであるL2日本語話者が使う「あんばい」という言葉に注目する。

　「あんばい」は、塩梅、按排、按配とも表記され、日本語の母語話者であっても、若い世代にはなかなか馴染みのない言葉である。L2日本語話者にとっては、日本語能力試験（JLPT）の級外の語であり、教室での日本語学習では目にする機会は限られていることが推察される。しかしながら、筆者がフィールドワークを行っていた関西地方の看護・介護の現場、特に高齢者とのインターアクション場面では、必ずしも珍しい言葉というわけではなさそうで、時折高齢者とのやりとりの中で「あんばい」が使われているのを耳にする機会があった。そうした環境の影響か、高齢者を多く抱える病院の療養型の病棟で働くフィリピン人職員も、職場でのコミュニケーション場面で「あんばい」を使用している例が観察されていた。フィールドワークをしていた時は、初級を終えた程度の日本語力しか有していないL2日本語話者が「あんばい」という語を使用していることに驚いたと同時に、その使い方に漠然とした違和感を覚えることもあった。

　そこで本稿では、「あんばい」という語について、辞書による定義、フィ

リピン人職員の職場での実際の発話例、コーパスでの使用例を検討し、「あんばい」という語がどのように使われているのか、L2 日本語話者の使用のどのような点に違和感を覚えるのかについて考察することを目的とする。

2.　辞書における「あんばい」の定義

　『デジタル大辞泉』には、「あんばい」について以下の記述がある。表記は、「塩梅」の使用が多く、「按排」「按配」は常用漢字外とされている。

> あん - ばい【▽塩梅／×按排／×按配】
> ［名］(スル)《味の基本である塩と梅酢の意の「えんばい」と、物をぐあいよく並べる意の「按排」とが混同した語》
> 1　料理の味加減。「―をまちがえて、食べられたものではない」
> 2　物事のぐあい・ようす。「いい―にメンバーがそろっている」
> 3　身体のぐあい・ようす。「―が悪いので仕事を休む」
> 4　(按排・按配)物事のぐあい・ようす・程合いを考えて、程よく並べととのえたり処理したりすること。「文化祭での出し物の順をうまく―する」
> ［補説］2〜4は「案配」とも書く。

　上記からは、「あんばい」は料理の味加減に関するものの他、物事の具合や健康状態にも使われていることがわかる。1 の例に見られるように「あんばいを間違える」といったように名詞として使われる場合もあれば、4 の「うまくあんばいする」のように、名詞から派生したサ変動詞として使われている場合もある。また、2 や 3 の例に見られるように、具合について述べる場合には、「いい」「悪い」といった語とともに用いられる場合もあるようだ。
　では、L2 日本語話者はどのような場面で「あんばい」という語を使用していたのだろうか。次節では、医療・介護の分野で働くフィリピン人職員の職場におけるインターアクションでの実際の使用例を見てみる。

3. フィリピン人職員 A の実際の使用

3.1 データの概要

　本稿で使用するデータは、外国人看護師・介護福祉士候補者の職場におけ
る日本語習得ならびに職場適応の過程を明らかにすることを目的に行った、
関西地方の病院における 1 年間のフィールドワーク[1]で収集したものの一部
である（データ収集の詳細については Shima（2014）を参照のこと）。ここで
は経済連携協定（EPA）[2]で来日した一人のフィリピン人看護師候補者 A に注
目する。A は来日後半年間、日本語の集合研修を受けた後、河村病院（仮名）
に着任した。フィールドワークを開始した当初、A の河村病院での勤務歴は
7 か月であった。A はフィリピンの看護師免許を持ち、看護師としての実務
経験もあるものの、日本の国家試験に合格するまでは看護業務に携わること
は認められておらず、看護助手として補助的な業務にあたっている。具体的
な業務には、食事介助や入浴介助、オムツ交換のほか、ゴミ捨てやシーツ交
換といったものがある。看護助手として病棟に勤務しているが、入院患者の
9 割以上は高齢者が占めており、仕事の内容としては介護業務に近い。

　以下の用例は、A が配属されている病棟での観察を行っていた 3 か月間[3]
のうち、入浴介助および食事介助を行っている場面のデータから抽出したも
のである。

3.2 「あんばい」の使用傾向

　A の実際の発話からは、16 件の「あんばい」の使用が観察された。使用
場面は大別すると、(a)湯加減について尋ねる時、(b)シャンプーの具合につ
いて尋ねる時、(c)味について尋ねる時、(d)食事の進み具合について尋ねる
時の 4 つに分かれた。表 1 に A の使用の全体の傾向を示す。

表1　フィリピン人職員の「あんばい」の使用場面

使用場面		件数
〈入浴介助〉	湯加減を尋ねる	10
〈入浴介助〉	シャンプーの具合を尋ねる	3
〈食事介助〉	味について尋ねる	2
〈食事介助〉	食事の進み具合について尋ねる	1

3.3　入浴介助場面

　入浴介助の場面では、まず、以下の(1)(2)の例のように、「あんばい」は熱いかどうかを尋ねる形で、湯加減を確認している例が見られた（Aはフィリピン人職員を、Jは日本人患者を指す）。

(1)　　A：お湯どう？

　　　J1：ええあんばい

　　→A：あんばい、あつない？

　　　J1：うん、ちょうどええわ　　　　　　　　　　（9月10日　入浴介助）

(2)　→A：あんばい、あつい？

　　　J1：グー！（親指を立てるジェスチャー）

　　→A：あんばい、グー？

　　　J1：あんばい、グー！　　　　　　　　　　　　（9月19日　入浴介助）

　(2)では、「あんばい、あつい？」の他にも、「あんばい、グー？」という使用例が見られる。ここでは、Aは日本人患者による「グー！」という先行発話を取り入れ、「あんばい」に「グー」という語を組み合わせ自身の発話を完成している。「あんばい」は、『日本語語感の辞典』によれば、「改まらない会話や軽い文章に使われる古風な漢語」とされている。この例では、古風な語である「あんばい」と英語からの外来語である「グー」を組み合わせることによって、母語話者にはあまり見られない創造的な形で使用しているといえる。Aによる創造的な使用を、次のターンで日本人患者が繰り返していることも興味深い。

　ところが、時間の経過とともに「あんばい」の使用に変化が見られるよう

になる。その後の使用例を見てみると、「あんばい問題ない？」(9月24日入浴介助)、「あんばい、どうですか」(9月24日、10月13日入浴介助)、「あんばい、大丈夫？」(9月26日入浴介助)といったものがある。「あんばい」を使い始めた当初は、(1)(2)のように、「あんばい」が熱いか熱くないかという形で使用されており、「あんばい」は単に「湯」に代わる語として機能していたようだった。しかし、上記の例からは、Aが「あんばい」という語を用いて、湯の温度の具合(＝湯加減)について確認しようとしている様子がうかがえる。

　さらに、(1)(2)の例が観察されてから約2か月後には、以下の(3)のように、「いいあんばい？」という形で、「いい」と「あんばい」が共起しており、より自然な形で湯加減の良し悪しを尋ねることができている。

(3)　　A：あつない？
　　　　J3：うん
　　→A：いいあんばい？
　　　　J3：うん　　　　　　　　　　　　　　　(11月5日　入浴介助)

　また、(3)の「いいあんばい？」という表現が出現したのと同じ頃には、「あんばい」が、湯加減を尋ねる場面だけではなく、シャンプーをしている場面でも使用され始めていることが確認できた。シャンプーの場面でのAの「あんばい」の使用は3件見られたが、全て「あんばい、どう？」という表現で、日本人患者に対し、シャンプーの具合を尋ねる言葉がけの中で用いられている。以下の(4)はその例である。

(4)　　A：かゆいとこ、ないですか(J1のシャンプーをしている)
　　　　J1：ええわ
　　→A：あんばい、どう？　グー？
　　　　J1：(親指を立てるジェスチャー)　　　　(11月5日　入浴介助)

この例では、「かゆいとこ、ないですか」とＡがたずねた後、「ええわ」という患者からの返答を受け、Ａがさらに「あんばい、どう？グー？」と表現を変え、シャンプーの具合について尋ねている。「かゆいとこ」については、すでに確認できており、Ａはここで「あんばい」という語を使うことにより、「かゆいとこ」だけではない具合(例えば、力の強さ、頭をこする速さなど)についても患者に確認しようとしていると見ることができるだろう。少なくとも、この例からは、「あんばい」を聞く対象が、湯加減だけではなく、シャンプーの具合に拡大されていることが指摘できる。

3.4　食事介助場面

　食事介助の場面でも、「あんばい」の使用が３件観察された。そのうちの２件は味について確認するものであり、１件は食事の進み具合について確認するものである。以下の(5)は、食事介助で煮物の味について、(6)は食事の進み具合について、日本人の患者について確認している例である。

(5)　→Ａ：(煮物をJ4の口に入れて)あんばいどう？
　　　　J4：おいしいわ
　　　　Ａ：おいしい？
　　　　J4：うん　　　　　　　　　　　　　　　　　(11月13日　食事介助)
(6)　→Ａ：(J5の部屋に入り、食事が進んでいないJ5に話しかける)
　　　　　　あんばいどう？
　　　　J5：もう終わり
　　　　Ａ：もう終わり？　ご馳走様する？
　　　　J5：はい
　　　　Ａ：はい　　　　　　　　　　　　　　　　　(11月19日　食事介助)

　当初、Ａの「あんばい」の使用は入浴介助の場面でのみ観察されており、食事介助の場面では、Ａの「あんばい」の使用は全く観察されることがなかった。初めて食事介助の場面で「あんばい」が確認されたのは、(1)の例が観

察されてから約2か月後であり、入浴介助場面における(3)や(4)の例が観察された時期と重なる。湯加減だけではなく、シャンプーの具合など、「あんばい」の使用対象の範囲が広がってきた時期であり、その使用対象の広がりが、入浴介助場面だけではなく、食事場面にも広がっていることが指摘できる。

　一方で、Aの使用例には、「あんばい、あつい？」「あんばい、グー？」という、不自然さを感じる表現の使用や、「あんばい、どう？」という表現の多用などの特徴が観察された。次節では、コーパスのデータをもとに、一般的な「あんばい」の使用傾向を探り、Aの使用との比較を試みる。

4.　コーパスで見る「あんばい」

4.1　使用したコーパス

　話し言葉、書き言葉双方での「あんばい」の使用傾向を見るために、コーパス検索アプリケーションの「中納言」を用いて『名大会話コーパス』(NUCC)(藤村・大曽・大島 2011)と『日本語話し言葉コーパス』(CSJ)、それから『現代日本語書き言葉均衡コーパス』(BCCWJ)の3つのコーパスを検索した。検索においては、いずれのコーパスにおいても語彙素に「塩梅」を設定し、「按排」や「按配」、「あんばい」といったその他の表記のものも検出できるようにした。

4.2　話し言葉に見られる使用例(NUCC、CSJ)

　NUCCにおける「塩梅」の使用は0件であり、CSJにおいても、「塩梅」の使用は以下の3件のみであった。2つのコーパスデータにおける使用例の少なさから、「あんばい」がいかに話し言葉では日常的に用いられることのない語であるかということが指摘できる。この3件の例を、以下の(7)〜(9)に示す。これらの例は全て、物事の具合や様子を表すのに用いられている。

(7)　私の家はいいあんばいに残ってたんですよ(65–69歳男性)

(8)　いい天気ですねというのが、いいあんばいですねと(25–29 歳女性)

(9)　しげしげ眺めるというあんばいでした(45–49 歳男性)

　(7)と(8)では、「家」や「天気」と、様子を述べる対象が具体的に示されており、また、どちらも、「いいあんばい」という表現が用いられている。一方、(9)では、「あんばい」の良し悪しではなく、「しげしげ眺める」という具体的な描写によってその場の状態を表している。

4.3　書き言葉に見られる使用例(BCCWJ)

　BCCWJ では、「あんばい」は 178 件見つかった。そのうちの 2 件は、雅楽で使用される篳篥(ひちりき)の演奏法の一つである、塩梅(えんばい)を指しており、今回の分析ではその 2 件を外した 176 件を対象とした。表 2 は、前述のデジタル大辞泉の定義を参考に「あんばい」の用例を大別したものである。表 2 からは、物事の具合や様子の意で用いられているものが 142 件と大多数であることがわかる。

表 2　BCCWJ における「あんばい」の使用

分類と例	件数
料理の味加減 「絶妙な塩梅の酢飯と上質なネタで旬の味が楽しめる」	8
物事の具合・様子 「二階の出窓に塩梅良くはしごがかけてあって」	142
体の具合・様子 「お母のあんばいが変だ」	7
物事の具合・様子・程合いを考えて、整えたり処理したりすること 「受諾されるチャンスがあるよう、案配してあった」	19

　物事の具合・様子の 142 件について、さらに (e)「いい」や「悪い」、それ以外の語と使われ、対象となる物事の「あんばい」の評価を示そうとしているもの、(f) 具体的な描写を用いて、物事の「あんばい」を説明しようとしているもの、(g)「どんな」「どのような」といった語を用いて対象となる物事の「あんばい」について尋ねているものに分類した。その結果をまとめた

ものが表 3 である。

　表 3 では、具体的な描写を用いているものが 90 件と最も多い。これらの用例の中には、「半焼や半倒壊といった按配だが」「漢詩や俳句が転載されるという按配である」「悪態がぐるぐると頭の中を駆け巡るような塩梅でして」といったように、「〜といった＿」「〜という＿」「〜ような＿」という表現を用いて、具体的な状況描写や比喩を使用したりしながら説明しているものなどが含まれる。そして、こうした具体的な描写による「あんばい」の使用は、フィリピン人職員の A では一切見られなかったものである。

表 3　BCCWJ における物事の具合・様子の「あんばい」

分類と例	件数
「いい」や「悪い」、それ以外の語と使われ、対象となる物事の「あんばい」の評価を示そうとしているもの	47
具体的な描写を用いて、物事の「あんばい」を説明しようとしているもの	90
「どんな」「どのような」といった語を用いて対象となる物事の「あんばい」について尋ねているもの	5

4.4　フィリピン人職員 A の使用例との比較

　ここでは、フィリピン人職員 A の使用例と、コーパスで見られた例について、比較をしながら見ていく。3.2 から 3.4 で観察したように、A の「あんばい」の使用例 16 件のうち、2 件は味について尋ねるものであり、残る 14 件はお湯の温度の具合、シャンプーの具合、食事の進み具合といった物事の具合を尋ねるものであった。また、16 件全てが、日本人患者への確認の場面で使われており、全てが疑問の形式であった。

　表 4 は、A の使用例で用いられた形式の内訳を示したものである。表 4 を見ると、A が対象としている物事の「あんばい」の評価に用いている語には「熱い」「いい」「グー」の他、「問題ない」「大丈夫」の 5 種類があることがわかる。BCCWJ では、表 3 に見られるように、「いい」「悪い」、またはその他の語を用いて対象としている物事の「あんばい」の評価を示そうとしているものが 47 件観察されていたが、その 47 件の中に、A が使用していた「熱い」「グー」「問題ない」「大丈夫」が用いられているケースは 0 だった。

表4　フィリピン人職員Aの「あんばい」の使用例の内訳

	件数
【あんばい＋熱い】 「あんばい、熱ない？」「あんばい、熱い？」	2
【いい＋あんばい】 「いいあんばい？」「あんばい、グー？」	4
【あんばい＋問題ない／大丈夫】 「あんばい、問題ない？」「あんばい、大丈夫？」	2
【あんばい＋どう】 「あんばい、どうですか？」「あんばい、どう？」	8

　BCCWJ では、「あんばい」の評価を表す語として、「いい」が使われるケースが圧倒的に多く、「良い」や「良し」「良く」といったバリエーションも含めると 40 件あった。「いい」以外に用いられていた語には、肯定的な意味で使用されているものとして「素晴らしい」「上等」「結構」が、否定的な意味で使用されているものとして「悪い」「妙」「微妙」「難しい」があった。これらの結果を見ると、A の「あんばい」の使用の不自然さの理由の一つには、「あんばい」の評価に母語話者が用いない語が使用されていたことが指摘できる。なお、BCCWJ の中で、湯加減について「あんばい」が用いられているケースが 1 件だけあったが、それは「いい按配かい」という表現で用いられていた。

　もう一点、A の使用で特徴的なのは、「あんばい、どうですか？」「あんばい、どう？」という表現である。BCCWJ では、これらの形式を用いて「あんばい」を尋ねているものは 0 件であった。A が多用していた「どう」の代わりに、BCCWJ では、「生まれてくる瞬間がどんなあんばいだったかと子供に質問したところ」「新人さんがセッションするので、どんな按配か気になるのです」「諸君の腹部は目下どのような按配になっているだろうか」といったように、「どんな＿＿」「どのような＿＿」といった形が使用されていた。しかしながら、それらの数は少なく、全体の中で 5 件のみであった（表 3 参照）。

　以上のことから、フィリピン人職員 A の「あんばい」の使用で覚えた違和感は、物事の具合や様子を評価する際や、その程度について尋ねている際

に、「あんばい」と共に用いている語が、母語話者とは異なることが影響しているらしいといえるのではないだろうか。その他にも、今回は詳しくは触れなかったが、BCCWJ では、「～という＿」「～といった＿」というように、具体的な描写を用いて「あんばい」を説明する形式が多用されていたのに対し、A にはその形式の使用は一切見られないということも観察された。ただ、これについては、この形式が書き言葉で多く使用されている可能性も高く、看護・介護の現場でどの程度使われているのかについては、不明である。

5.　おわりに

　本稿では、看護・介護の現場で働くフィリピン人職員 A の「あんばい」の使用に着目し、日本語の母語話者の使用とどういった点が違うのか、コーパスのデータと比較しながら検討した。その結果から、A の使用は、母語話者の使用傾向とは異なるものであり、それが A の使用に不自然さを感じさせる要因であることが明らかとなった。しかしその一方で、3 か月という短い期間における A の使用例の変化からは、少しずつ使用対象を拡大していく様子が見られ、A が日々のインターアクションの中で、周囲の人々から「あんばい」のインプットを受けたり、自分で実際に使用してみたりしながら、L2 習得を進めている過程が推察された。また、日本語能力が限られている状況の中であっても、クリエイティブに「あんばい」を使用し、職場での業務遂行を達成している様子が伝わってくる。

　看護・介護の現場における日本語教育研究では、実際の職場におけるインターアクション場面の L2 使用の分析が限られているのが現状である（大関他 2014）。看護・介護に限らず、様々な分野で外国人労働者の受け入れが加速している現在、L2 話者が、言語を含め様々なリソースを用いながら、目の前のタスクをいかにこなしているのかという、その実際のプロセスを見ていくことは、今後ますます重要なこととなるだろう。

1　フィールドワークは、2010 年の 6 月から 2011 年 5 月までの 1 年間、週に 4 日行った。データ収集にあたり、事前に病院の責任者から許可を得た上で、外国人職員を含む全職員に対し研究の概要を説明し、研究協力への意思確認を書面で行った。フィールドワークのために病棟などに出入りする際には、衛生管理及び認証のために、病院から支給された白衣、研究目的での観察であることを示す名札を身につけた。

2　日本は EPA に基づき、インドネシア（2008 年～）、フィリピン（2009 年～）、ベトナム（2014 年～）という 3 か国から看護・介護人材を受け入れている。受け入れの要件は国によって異なるが、基本的な枠組みとしては日本に入国する前及び入国後に日本語の研修を一定期間受けた後、全国の受入れ施設に配置され、看護の場合は看護師候補生として、介護の場合は介護福祉士候補者として、施設で就労しながら国家試験の勉強を行う。看護の場合は 3 年間、介護福祉士の場合は 4 年間の間に国家試験に合格すれば在留資格の更新が無制限でできるようになる。各国との協定の詳細については、「インドネシア、フィリピン及びベトナムからの外国人看護師・介護福祉士候補者の受け入れについて」(https://www.mhlw.go.jp/stf/seisakunitsuite/bunya/koyou_roudou/koyou/gaikokujin/other22/index.html) を参照のこと。

3　本稿で用いられているデータは、2010 年 9 月から 2010 年 11 月までの 3 か月の間に収集されたものである。病棟で収集したデータは、主なものとして、職場での言語行動のビデオ録画もしくは音声録音、フィールドノートなどである。

参考文献

大関由貴・奥村匡子・神吉宇一 (2014)「外国人介護人材に関する日本語教育研究の現状と課題―経済連携協定による来日者を対象とした研究を中心に」『国際経営フォーラム』25: 239–280. 神奈川大学国際経営研究所

中村明 (2010)『日本語語感の辞典』岩波書店

藤村逸子・大曽美恵子・大島ディヴィッド義和 (2011)「会話コーパスの構築によるコミュニケーション研究」藤村逸子・滝沢直宏編『言語研究の技法―データの収集と分析』pp.43–72. ひつじ書房

松村明監修『デジタル大辞泉』小学館

Shima, C. (2014) Language socialization process of Indonesian and Filipino nurses in Japan. Unpublished doctoral dissertation. University of Wisconsin-Madison.

調査資料

『現代日本語書き言葉均衡コーパス』ver.2021.03, 国立国語研究所, https://chunagon.ninjal.ac.jp/

『日本語話し言葉コーパス』ver.2018.01，国立国語研究所，https://chunagon.ninjal.ac.jp/
『名大会話コーパス』ver.2018.02，国立国語研究所，https://chunagon.ninjal.ac.jp/

第4部　趣味の中から

さっくり混ぜる

橋本直幸

1. はじめに

　本稿では、料理のレシピなどで使用される「さっくり混ぜる」という表現に注目する。この「さっくり混ぜる」という表現であるが、具体的にどんな場面で、何を、どのように混ぜるか説明できるだろうか。

　普段から料理をする方にとってはレシピなどでよく見かける表現であり、具体的な場面を容易に思い浮かべることができるだろう。しかし、料理初心者にとっては、「さっと混ぜる」「手早く混ぜる」「軽く混ぜる」などに比べ、イメージがつかみにくい表現ではないだろうか。鈴木（2007: 633–634）は、オノマトペの特徴について「各人各様に感じたままに表現する傾向が一般に見られ」として、その自由度の高さを指摘しているが、ただし「料理記事では別なのである。これは誰でもわかるように、説明に擬声語がよく使われていて、その用語はどちらかといえば限られている。というよりは、その語が一番ぴったりきて誰でも納得できるので、ことさら変わった表現を用いる必要がないからではないか」と述べている。ここでは「サッと炒める」「カラリとキツネ色に揚げて」などの例と並び、「粉をサックリ混ぜる」が例として挙がっているのだが、他の表現に比べて、果たして「誰でも納得できる」とまで言えるだろうか。試みにこの「さっくり」という語を『日本国語大辞典　第2版』で調べてみると、以下のように説明されている（例文は省略する）。

さっくり

〚副〛(「と」を伴っていることもある)

①簡単に割れたり、切れたりするさまを表わす語。

②淡白なさま、あっさりしているさま、率直なさまを表わす語。

(『日本国語大辞典』第2版第6巻)

　ほとんどの国語辞典でこれとほぼ同じような記述がされている[1]。振り返って標題の「さっくり混ぜる」であるが、力を入れず軽く混ぜるということは何となく想像できるが、①②の説明がぴったりと当てはまるとは言いにくいように感じる。

　一方、さまざまなオノマトペ辞典の類を見てみると、ほとんどのオノマトペ辞典でこれに該当すると思われる説明が、上記①②の意味とは別に取り立てて説明されている。

・物事を、手早く、しかも、度を過ごさない程度に行う様子。

　「ふるった粉を入れて～とまぜあわせ、一つにまとめる。」

(天沼 1974)

・一回、軽くあっさりと、切りほぐすように混ぜたり、抵抗なく、軽く切れてしまう場合の表現。

　「あまりかきまわさず、さっくり混ぜるのがこつ。」　(浅野編 1978)

・細かい粒状の物をかきまぜる様子を表す。ややプラスイメージの語。粉や粒状の物を練ったりこねたりせずに、軽くかきまぜる様子を表し軽さ・快感の暗示がある。かきまぜたあとの状態に視点がある。

　「てんぷらの衣は練らずにさっくりと混ぜます。」

　「泡立てた卵白とたねを、木杓子で切るようにさっくり混ぜる。」

(飛田・浅田 2002)

・おおざっぱな様子。

　「火を止めてカイワレ菜を入れてサックリ混ぜれば OK」

(山口編 2003)

・料理用語で、へらなどで、練らないように切りほぐすようにして、混ぜあわせるさま。
「ふるった小麦粉をさっくりと混ぜ」　　　　　　　　　　　（小野編 2007）

　オノマトペ辞典に記載されている意味が、国語辞典の類では見られないということも興味深いが、ここではそれはひとまず措き、この「さっくり」という語がどのような特徴をもち、また、なぜ料理初心者にとってわかりにく感じるのか、考えてみたい。

2.　「さっくり混ぜる」とは

　ここでは、「さっくり」がもつ違和感の正体を突き止める前に、まず「さっくり」という混ぜ方について、その語誌も含め、もう少し詳しく見ておく。「さっくり混ぜる」がどのような混ぜ方であるかは、オノマトペ辞典の記述で示した通りであるが、主に使用されるのは、「洋菓子（スポンジケーキなど）の生地」「天ぷらの衣」「炊き込みご飯・ちらし寿司」「サラダ」の4種類である。

　お菓子作りでは、薄力粉や泡立てたメレンゲを混ぜる際に使用される。仕上がりが重くならないようにするためには、小麦粉を混ぜ過ぎないこと、メレンゲの気泡をつぶさないようにすることがコツで、そのためには力を入れず軽く混ぜる必要がある。その際泡立て器ではなく、ゴムべらや木杓子を使用するのが一般的である。天ぷらの衣の場合も同様で、混ぜ過ぎるとグルテンの粘りが出て揚げた後の衣が重くなってしまう。また炊き込みご飯やちらし寿司では具とご飯を混ぜる際に、具や米粒を潰さないように軽く混ぜることが重要である。ちらし寿司の場合、ご飯と酢を混ぜてすし飯を作る際にも、この混ぜ方が推奨される。サラダでもそれぞれの食材がもつ食感や形を生かすため、軽く混ぜる必要がある。このような際に使用されるのが「さっくり」である。以下にいくつかのレシピ集からそれぞれ代表的な例を挙げる。

(1)　衣用に卵半個と水 75cc を混ぜ、小麦粉 50 グラムを加えて<u>さっくり混</u>
　　<u>ぜ</u>ます。(「イワシのシソ天ぷら」『朝日新聞』1985 年 4 月 14 日朝刊)

(2)　食べるときにたいを取り出し、頭、尾、ヒレを除き、骨をはずしなが
　　ら身をほぐす。ご飯に<u>サックリ</u>と混ぜ、茶碗によそう。

　　　　　　　　　　　　　(「たいめし」『別冊 NHK きょうの料理くりかえしレシピ』)

(3)　ブロッコリーと卵を加え、<u>さっくりと</u>あえる。

　　　　　　　　　　　　　　　　　　(「ゆで卵とブロッコリーのサラダ」

　　　　　　　　　　　　　　　　　『オレンジページ』2020 年 6 月 2 日号)

(4)　…残りのメレンゲを加え、ホイッパーからゴムべらに持ちかえて、手
　　早く、<u>さっくりと</u>混ぜあわせます。

　　　　　　　　　　　(「ガトーショコラフォンデュ」『藤野真紀子のお菓子教室』)

　形態的には「さっくり」「さっくりと」の 2 種類があるが、大きな違いは
ない。また、「混ぜる」のほかに、「混ぜ合わせる」「和える」が使用される
場合もある。

　「さっくり」も含めた「さく」系オノマトペの語誌については、小野(2015)
に詳しい。軽快感を表す「さくさく」は中世からその例が見られ、最初は擬
態語であったが、近世以降、擬音語としても用いられるようになったとの
ことである。「さっくり」については、「「さくさく」が連続的な動作や状況
をいうのに対して、「さっくり」は、瞬間的であったり、比較的短い時間に
ついて、〈軽やかである様子、なんの心配もない様子〉を表している」と述
べ、近世からその用例を見ることができるという。料理の場面で使用される
「さっくり混ぜる」についてはここでは触れられていない。

　この「さっくり混ぜる」が古くから料理の場面で使用されていたものなの
か、それともある時期から使用されるようになったのかは不明であるが、新
聞記事の料理コーナーを始めとする様々なレシピを遡ってみると、料理記事
全体の量の違いはあるかもしれないが、印象として、以前は今ほど普通に使
用されていたというわけではないように感じる。ただ、確認できた古い例と
しては、1950 年代の用例があり、ごく最近使われ始めたというわけでもな

いようである。次の (5) は、女子栄養大学『栄養と料理デジタルアーカイブ
ス』で昭和 10 年以降の『栄養と料理』を検索して得られたものである[2]。

(5) 小麦粉の麩質が出過ぎるとよくありませんから、油の煮立つすぐ前に衣
　　を作ります。出来るだけかきまぜないでさつくり作るのがよいのです。
　　　　　（「本格的な天ぷら」『栄養と料理』第 16 巻第 10 号、p.19、1950 年）

　このほか、「木杓子でさつくりとまぜ合せます。（ロシヤケーキ、1950
年）」、「さつとまぜ、次に粉を全部入れてさつくりまぜて後（スポンジケー
キ、1952 年）」、「ふるつた粉をいれてねらぬように木しやくしでさつくりと
まぜます。（デコレーションケーキ、1954 年）」など、数は多くないものの
現代と同じ使い方の例がいくつか見られる。ただ、(5) のような「作る」に
かかる例は現代の例では見られないことから、安定していない印象も受け
る。また、サラダについてはそのバリエーションが今より少なかったため
か、1950 年代には例は見られず、他よりやや遅れて使用されている印象が
ある。

3.　現代の使われ方

　次に、コーパスを使用して現代における「さっくり」全体の使われ方につ
いて見てみたい。以下の表 1 は『現代日本語書き言葉均衡コーパス』(以下、
BCCWJ) で「さっくり」を検索した結果である。前後の文脈や共起する語
からほぼ同じ意味と考えられるものをまとめた。文脈が分かりにくいものに
関しては、〈　〉で示している。

表1　BCCWJ で使用される「さっくり」

	使用数
さっくり（と）混ぜる・混ぜ合わせる	56
さっくりとした食感・焼き菓子／さっくりと揚げる、など	12
さっくり（と）炒める	2
さっくりと切る〈料理〉	1
さっくりとした飲み口〈ウイスキー〉	1
さっくりと完食／さっくり購入／さっくり内診／さっくりおにぎり〈簡単に済ませる〉	4
さっくりした気性／気性のさっくりした	2
さっくりしたレース／さっくり編んだもの〈手芸〉	2
さっくり（と）切る〈料理以外〉	1
さっくりとした感じで焼きあがる〈陶芸〉	1
さっくりと濃密な時間を過ごす	1

　全83例のうち網掛けをした72例がレシピ本や料理、食に関する本・ブログなどで使用されているもので、さらにそのうち56例(77.8%)が「混ぜる・混ぜ合わせる」と共起するものである。「炒める」が2例あるが、これも「混ぜる」と基本的には同じ動作をするよう修飾しているものと考えられる。そして、2番目に多いのが口にした際の食感を表すもので12例見られる。「さっくりとした食感」「さっくりした焼き菓子」などのように名詞修飾として使用される場合と、「さっくりと揚げる」のように副詞として使用される場合がある。そのほか、料理関連での使用として「さっくりと切る」が1例見られる。また、ウイスキーの味を形容した「さっくりとした飲み口」という例があるが、インターネット上にこのような例は他に見当たらないので、例外的な使用といって良いだろう。料理以外の例はどれも少なく、国語辞典にも記載がある「性格などがあっさりしている」ことを表す「さっくりした気性／気性のさっくりした」が2例、手芸などで編み目が荒く大きいものを表わす「さっくり」（一般的には、「ざっくり」で表されることが多い）が2例、「ある行為を簡単に済ませる」という意味の「さっくり」の使用が4例見られるのみである。

　以上の傾向から、「さっくり」は現代では主に料理で使用される語と言ってよく、その中でも「混ぜる」及びそれに類する語と共起する場合がほとんどだと言ってよい。したがって「さっくり混ぜる」は、料理という一分野に

限られるとは言え、現代語における「さっくり」の最も代表的な用法と言える。この用法、用例が多くの国語辞典に挙がっていないのにはやはり違和感を覚える。

4. 調理語彙と食感語彙

さて、ここで気が付くことは、使用数が1位の「さっくり混ぜる」と2位の「さっくりした食感」が同じ料理の中で出てくる語でありながら、かなり違う場面で使用されるということである。もちろん「軽やかである様子」「粘り気のない様子」「滞らない様子」という、「さく」系オノマトペがもつ基本的意味は共有しているが、「さっくり混ぜる」については、先述したように、主に天ぷらの衣、スポンジケーキの生地、炊き込みご飯、ちらし寿司、サラダなどを混ぜる際の、その混ぜ方を説明する語として使用されているのに対し、「さっくりとした食感」「さっくりとした焼き菓子」「さっくりと揚げる」などは、BCCWJ では焼き菓子、パイ生地、メロンパン、ホットケーキ、天ぷら、固めた砂糖でコーティングした和菓子などを口にした際の「食感」を表す語として使用されている。以下の(6)から(8)が、食感を表す「さっくり」の例である。

(6)　いつも感銘するのが、この店の揚げの深さ。高級店は、ともすれば<u>さっくり</u>と軽い衣で白く揚げたがるのだが、この店はこんがりときつね色に、小麦粉の香ばしさがはっきりとわかる揚げ方なのである。
　　　　　　　　　　　　（坂井淳一『東京感動料理店』1999、BCCWJ より）

(7)　これが富士山の五合目の『富士山メロンパン』外は<u>さっくり</u>としていて美味しいわぁ　　　　　　　（Yahoo! ブログ、BCCWJ より）

(8)　ここのお店の銘菓は「古都の石」。透明な寒天の中に白豆、小豆が入れられていて、外側は<u>さっくり</u>とした琥珀糖で固められている。
　　　　　　　　　　　　（谷千佳世『京都いと、お菓子。』2003、BCCWJ より）

これらの例はいずれも「混ぜる」という動作とは関係がないものである。このように調理の説明と食感の説明でかなり異なる二つの使われ方をする語がほかにあるのか、類似のオノマトペと比較しながら考えてみたい。ここでは、「さっくり」と同じ「○っ○り」という型のオノマトペに限定し、調理の際の説明として使用されるものと、食感の説明として使用されるものを集めて比較してみたい。まず調理の際に使用されているものとして『きょうの料理くりかえしレシピ』(NHK)、『主婦の友毎日のおかずレシピ600』(主婦の友社)という2冊のレシピ集から「○っ○り」という型の語を収集する。一方、食感を表す語として使用されているものとしては『おいしさの表現辞典新装版』(川端・淵上 2016)の「味覚表現索引」に挙がっている「○っ○り」を対象とする。この辞典は著者が「味ことば」と呼ぶ「甘い」「辛い」などの味覚表現と、共感覚表現(味覚以外の視覚、聴覚、嗅覚、触覚の表現を用いて味覚表現を豊かにしたもの)を集めたもので、日本語の文学作品・エッセイ 350 冊(著者数 162 名)および四大新聞から約 3,000 例を採集している。料理にまつわる文学作品やエッセイなどを中心に集めているため、レシピに現れるような調理の語と違い、それぞれの作家が趣向を凝らした独特の表現を用いているものも少なくない。そのため一般的な傾向とは必ずしも言えない面があるということもあらかじめ断っておきたい[3]。

　これらの資料から、調理方法の説明で使用される「○っ○り」型の語、食感の説明で使用される「○っ○り」型の語をまとめたのが表2、表3である。

表2　調理方法の説明で使用される「○っ○り」

きっちり、さっくり、しっかり、じっくり、たっぷり、ぴったり、ぴっちり、ゆっくり、

表3　食感の説明で使用される「○っ○り」

あっさり、うっとり、ぎっちょり、こっくり、こってり、さっくり、さっぱり、しっかり、しっくり、じっくり、しっとり、すっきり、ずっしり、どっしり、にっちゃり、にっちょり、ねっちり、ねっとり、びっしり、ぷっくり、ぶっつり、べったり、ぼっくり、ほっこり、ぼってり、ぽってり、まったり、もっさり、もっちゃり、もっちり

表2、表3から、ほとんどの語が調理か食感かのどちらか一方でのみ使用されるものであり、両方の場面で使用されるものはあまり多くないことがわかる。表2、表3に挙げた語の中で、両方の場面で使用されるものは、下線を施した「さっくり」「しっかり」「じっくり」の3語である。このうち「じっくり」については、『おいしさの表現辞典』の「味覚表現索引」に項目として挙がっていたものの、その使用例を見てみると、「じっくり煮込んだデミグラスソースは深いコクがあってまろやかな味わい」や「皮がこんがり、奥までじっくり熱が通って魚の身のうま味を活性化する」のように、文全体としては味・食感を表現しているとは言え、「じっくり」がかかる箇所はいずれも調理の過程に関わる述語部分であった[4]。

　また、「しっかり」については、食感の説明として「しっかりした味わい」「風味がしっかりとしていた」「歯ごたえがしっかりしていて」など、また調理方法の説明としては「しっかり味をなじませる」「しっかり油をきる」のように使用されている。「しっかり」という語は、料理の場面に限らず「しっかりした人」「計画がしっかりしている」「しっかり勉強する」「しっかり寝る」のように様々な場面で使用される汎用性の高い語であり、そのため食感にも調理にも広く使用されるものと考えられる。この「じっくり」「しっかり」を除くと「さっくり」のみが食感にも調理にも使用されるという点で、やはりほかとはやや異質な語と言えそうである。

　しかも、この2つの「さっくり」は、「さく」系オノマトペがもつ「軽やかである様子」「粘り気のない様子」「滞らない様子」という性質はおそらく共有するものの、対象となる料理も異なり、かなり違う意味、文脈で使用される。たとえば、『おいしさの表現辞典新装版』の例では、以下(9)(10)のようにたけのこや蓮根など素材そのものがもつ食感として「さっくり」が使われているが、これは「さっくり混ぜた」結果ではないことは明らかである。

(9)　朝掘りのタケノコ…。この薫り、たまらないわ。この歯ざわりだよな。さっくりしゃくしゃく…まさに快感そのもの。…タケノコとわかめの取り合わせ。こんなに相性のいい取り合わせも滅多にないよ。

（雁屋哲『美味しんぼ』83 巻、川端・淵上（2016）より）

（10）　餅米を蓮根の穴に詰め、蒸し器で蒸す。…蓮根は<u>さっくりした</u>感触
　　　で、中のもち米はねっとりして、合わさると不思議な味わいだ！

（雁屋哲『美味しんぼ』77 巻、川端・淵上（2016）より）

　以上、実例に基づく調査からケーキや炊き込みご飯、サラダなどの調理方法として使用される「さっくり」と、パイ生地やクッキー、たけのこ、蓮根などの食感を表現するために使用される「さっくり」という異なる 2 つの「さっくり」が存在することが明らかとなった[5]。

5.　結果の副詞と様態の副詞

　前節で見たように「さっくり」は食感を説明する場合と調理方法を説明する場合のどちらでも使用できるのだが、副詞として使用されている例を見るとその違いがより明らかになる。「さっくり」が副詞として動詞にかかる用法を見ると、「さっくり混ぜる」と「さっくり揚げる」という 2 種類がある。

（11）　食べるときにたいを取り出し、頭、尾、ヒレを除き、骨をはずしながら身をほぐす。ご飯に<u>サックリと混ぜ</u>、茶碗によそう。（(2)再掲）
　　　　　　　（「たいめし」『別冊 NHK きょうの料理くりかえしレシピ』）
（12）　途中で油をかけながら<u>さっくりと揚げ</u>、油をきる。
　　　　　　　（「えびとそら豆のかき揚げ」『主婦の友毎日のおかずレシピ 600』）

　この 2 つの副詞「さっくり」は、それぞれ「様態の副詞」と「結果の副詞」として使用されている。仁田（2002）では、様態の副詞を「動き様態の副詞」と「主体状態の副詞」に分けているが、「さっくり混ぜる」は「動き様態の副詞」である。「動き様態の副詞」とは、「動きの展開過程の局面を取り上げ、それに内属する諸側面のありように言及することによって、事態の実現のされ方を限定し特徴づけているもの」と定義され、「刑事は<u>軽く</u>彼の両肩に手

をかけ」「ヤンマー船に乗り、清水河を<u>ゆっくり</u>下っていった」の下線部「軽く」「ゆっくり」などがこれにあたる。

　同じく仁田（2002）では、結果の副詞を「動きの結果の局面を取り上げ、動きが実現した結果の、主体や対象の状態のありように言及することによって、事態の実現のされ方を限定し特徴づけたものである」と定義している。たとえば、「<u>まるまる</u>太った腕」は「腕が太った結果、腕がまるまるとした状態になっている」のであり、また「髪を赤く染めた」は、「髪を染めた結果、髪が赤くなっている」のである。

　「さっくり揚げる」の場合、「揚げた結果、食感が「さっくり」となるように揚げる」という意味であり、揚げた後の結果の局面に言及する結果の副詞の用法である。一方、「さっくり混ぜる」は様態の副詞として解釈される例で、たとえばスポンジケーキを作る際にメレンゲがつぶれないように軽く混ぜる動作を「さっくり混ぜる」と表現するのであって、結果の局面に注目して「スポンジがさっくりとなるように混ぜる」と言っているわけではない。結果の副詞と様態の副詞は、仁田（2002）にも指摘がある通り、たとえば「彼は靴をきれいに磨いた」という文が、「磨いた結果、靴がきれいな状態である」と解釈される場合と、「丁寧に磨く」という動きの遂行の仕方に言及すると解釈される場合があるように、截然と分けられるものではない。「さっくり」も、「揚げる」にかかる場合は結果の副詞と解釈され、「混ぜる」にかかる場合は様態の副詞と解釈される、という2つの側面をもつ副詞であると言える。

6. 「さく」系オノマトペのもつイメージ

　ここまで「さっくり」が、食感を表す場合にも、調理方法を表す場合にも使用されるという二面性について述べてきた。興味深いのは、表1でも見た通り、書き言葉コーパスでは「さっくり」が主に「混ぜる」と共起する調理方法の説明として使用される例が多く見られ、料理をする人にとっては混ぜ方の1つの方法として馴染み深い語であるのに対し、おそらく料理をしない

人も含め一般的には、「さっくり」は食感を表すというイメージが強いということではないだろうか。たとえば一般にも目に触れやすいお菓子や冷凍食品などの商品名として、「さっくり食感のプレーンビスケット」(セブンイレブン)、「さっくり食感のソイココアクッキー」(ローソン)、「さっくり食パン[6]」(神戸屋)、「さっくり揚げ」(木村食品)、「サックリのメンチカツ」(ニチレイフーズ)など、食感を表す意味として「さっくり」が使用される例は多く見られる。

　この傾向は、「さく」系オノマトペの中でも使用頻度が高い「さくさく」にも目を向けてみると、より明らかである。「さくさく」はオノマトペ辞典などでは、主に、①「ものを切ったりきざんだり、かんだりするときなどの、連続する軽快でさわやかな感じのする音。また、そのさま。」②「やわらかい土や砂、雪、霜柱などの上を踏む音。粉や砂状のものを混ぜ合わせる音。また、そのさま。」③「ものごとが滞りなく進むさま。」(以上、小野編(2007)による)と説明される。

　以下の表4はBCCWJで検索したそれぞれの意味別の使用数である。

表4　BCCWJにおける「さくさく」の意味別使用数

「さくさく」の意味（小野編2007より）	使用数
①ものを切ったりきざんだり、かんだりするときなどの、連続する軽快でさわやかな感じのする音。また、そのさま。	166
②やわらかい土や砂、雪、霜柱などの上を踏む音。粉や砂状のものを混ぜ合わせる音。また、そのさま。	4
③ものごとが滞りなく進むさま。	74
その他（固有名詞／メタ的使用／判断できないもの）	17

　①の「ものを切ったりきざんだり、かんだりするときなどの、連続する軽快でさわやかな感じのする音。また、そのさま。」は、166例中159例が、天ぷらやカツ、ビスケット、クッキーなどを噛んだ時の食感を表すものであり、やはりこの使い方が最も多い。なお、③の現代的用法としての「ものごとが滞りなく進むさま」を表す「さくさく」も74例と比較的多いが、そのうちの68例がYahoo! ブログ、Yahoo! 知恵袋で使用された例であり、使用さ

れるジャンルに偏りが大きい。①の「さくさく」は書籍、新聞、雑誌なども含め一般に広く使用されており、この点からも食感を表す用法が「さくさく」の典型例と言って良いだろう。

以上のことから、「さっくり」も「さくさく」もやはり一般的には「食感」を表す語として認知される可能性が高い。だからこそ、料理をしない人にとっては、スポンジケーキの生地や炊き込みご飯など、噛んだ時にもろく崩れる印象をもたないものについて「さっくり混ぜる」と表現されると違和感を覚えるのではないだろうか。

7. おわりに

本稿では料理に関する語を扱ったが、もちろんどの分野にも専門用語というものはある。そして、その中にはいかにも専門用語らしいものもあれば一見すると専門用語らしくはないが、実はその分野に詳しい人でないとわからないというものもある。料理の語で言えば、「煮切る」「ゆでこぼす」「煮含める」のように「これを知っていたら料理上級者」と思われるような料理特有の語から、本稿で扱った「さっくり」のように、一見すると普通のオノマトペに見えるが実は一癖ある語、まで様々である。和語やオノマトペが多用される料理の言葉は、漢語や外来語とは異なり専門用語らしさこそ薄れているものの、実は初心者にはわかりにくい「気づかない専門用語」が特に多くあるように感じられる。

注

1　ただし、『明鏡国語辞典』(大修館書店) には、「さっくり混ぜる」についての説明が見られる。

2　このデータベースは全文検索ではなく、キーワード検索なので、「天ぷら」「(炊き込み・あさり・たけのこ)御飯」「サラダ」「ケーキ」「メレンゲ」などをキーワードとするレシピで使用されたものであることを断っておく。

3　このような語を集めたものとして本稿で扱った『おいしさの表現辞典』のほか、瀬戸賢一氏による「味ことば」の研究（瀬戸他 2005、瀬戸編 2003）、B・M・FT ことばラボによる「シズルワード（おいしいを感じる言葉）」の収集・体系化、早川文代氏（国立研究開発法人農業・食品産業技術総合研究機構）による日本語テクスチャー用語の収集や体系化などの研究（早川他 2000、早川他 2005 など）がある。

4　『おいしさの表現辞典』は、本稿で参考とした「味覚表現索引」で味覚表現の一覧を見ることができるが、辞書本編は、料理名・食品名ごとに項目立てし、実際の使用例を挙げている。「味覚表現」はその使用例の中から広く語を索引に採っているため、「じっくり」のように実際の使用箇所が必ずしも味や食感を直接表すものではないものも含まれる。

5　ただし、天ぷらの場合は、衣が重たくならないように「さっくり」混ぜ、その結果として揚がった衣も「さっくり」とした食感になるため、両者に関係がないとは言えない。

6　商品説明に「クロワッサン風の、さっくりした食パン」とあることから、食感を表す「さっくり」だと判断した。（神戸屋 web サイト https://www.kobeya.co.jp/products/pan/sakkuri_bread_4p）

参考文献

浅野鶴子編(1978)『擬音語・擬態語辞典』角川書店

阿刀田稔子・星野和子(2009)『擬音語擬態語使い方辞典―正しい意味と用法がすぐわかる』第 2 版．創拓社

天沼寧(1974)『擬音語・擬態語辞典』東京堂出版

小野正弘(2015)『感じる言葉オノマトペ』角川書店

小野正弘編(2007)『擬音語・擬態語 4500　日本語オノマトペ辞典』小学館

川端晶子・淵上匠子編(2016)『おいしさの表現辞典　新装版』東京堂出版

鈴木雅子(2007)「解説―歴史的変遷とその広がり」小野正弘編『擬音語・擬態語 4500 日本語オノマトペ辞典』pp.577–648．小学館

瀬戸賢一編(2003)『ことばは味を超える―美味しい表現の探求』海鳴社

瀬戸賢一・山本隆・楠見孝・澤井繁男・辻本智子・山口治彦・小山俊輔(2005)『味ことばの世界』海鳴社

仁田義雄(2002)『副詞的表現の諸相』くろしお出版

日本国語大辞典第二版編集委員会・小学館国語辞典編集部編(2000)『日本国語大辞典』第 2 版．小学館

早川文代・畑江敬子・島田淳子(2000)「食感覚の擬音語・擬態語の特徴づけ」『日本食品科学工学会誌』47(3)：pp.197–207．日本食品科学工学会

早川文代・井奥加奈・阿久澤さゆり・齋藤昌義・西成勝好・山野善正・神山かお

る (2005)「日本語テクスチャー用語の収集」『日本食品科学工学会誌』52（8）: pp.337–346. 日本食品科学工学会

飛田良文・浅田秀子(2002)『現代擬音語擬態語用法辞典』東京堂出版

山口仲美編(2003)『暮らしのことば　擬音・擬態語辞典』講談社

B・M・FT ことばラボ (2018)『Sizzle word　シズルワードの現在 2018 改訂版「おいしいを感じる言葉」調査報告』B・M・FT 出版部

「ヘイトを稼ぐ」から「ヘイトを買う」へ

中俣尚己

1.　はじめに

　「ヘイト」という言葉からは何が連想されるだろうか？　「ヘイトスピーチ」のような社会問題が連想されるかもしれない。いわゆる「ヘイトスピーチ解消法」はその正式名称を「本邦外出身者に対する不当な差別的言動の解消に向けた取組の推進に関する法律」といい、この「ヘイト」は差別を意味していることがわかる。その一方で、Twitterには(1)のような例も見られる。

(1)　　うちのグループ質疑応答でガンガン質問攻めしたせいでヘイト買って
　　　そうで怖い。
　　　（https://twitter.com/YUMA68562616/status/1405054752971386882）

　この「ヘイト」は動詞「買う」の対象となっていることからわかる通り、「恨み」や「反感」といった意味で使用されている。このように現在の若年層においては「ヘイト」の意味が拡大している。では、このような意味は「ヘイトスピーチ」の「差別」の意味から拡大したのだろうか。そうではない。本研究では、「ヘイトスピーチ」以前から「ヘイト」という用語はインターネット上で使用されてきており、それがゲームの発展に伴い、多様な意味を獲得したということをデータに基づき論証する。

2. 本研究の構成と研究方法

「ヘイト」の現代的な意味を明らかにするため、本研究では「新聞」「web
コーパス」「Twitter」という3つの言語資源に見られる「ヘイト」を順番に
見ていくという方法をとる。「新聞」は出版された日付が明らかであり、現
代において語の経年的な変化を知るのに適した言語資源である。しかしなが
ら、紙媒体である新聞とインターネット上の言葉遣いには大きな隔たりがあ
ることも事実である。そこを補うために web の用例として「web コーパス」
を使用する。この web コーパスは2014年に構築されたものであるが、2021
年現在ではさらに無視できない意味の変化が存在するため、最新のデータと
して Twitter も利用する。各言語資源の検索方法はそれぞれの節で説明する。

得られたヘイトの用法を、語構成と意味の観点から分類し、頻度を元に
「ヘイト」の変化を論じる。語構成は「後項ヘイト」「前項ヘイト」「単語ヘ
イト」の3種類に分類する。「後項ヘイト」は「アパルト<u>ヘイト</u>」のように
複合語の後部要素になっているものである。「前項ヘイト」は「<u>ヘイト</u>スピー
チ」のように複合語の前部要素になっているものである。単語ヘイトは「<u>ヘ</u>
<u>イト</u>を買う」のように「ヘイト」だけで名詞になっているものである。なお、
複合語であっても「ヘイト対策」のように後部要素がサ変動詞語幹であり、
「ヘイト」が動詞と格関係を持つと判断できる場合は、「単語ヘイト」に分類
する。

また、「単語ヘイト」については意味の下位分類を行う。結論から述べる
と、「ヘイト」の意味は【差別】【悪意による行為・発言】【ゲームでの狙わ
れやすさ】【特定の対象に対する反感】【漠然とした不満】【標的】の6種類
に分類できる。それぞれの意味については論の中で実例を元に解説してい
く。なお、「後項ヘイト」「前項ヘイト」については複合語全体を示すことで
意味の分類に替える。

さらに、補足としてコロケーションの観点からの調査と大学生に対するア
ンケート調査も行ったので、これについても報告する。

3.　『朝日新聞』に見られる「ヘイト」

　新聞の「ヘイト」の用例を収集するため、『朝日新聞記事データベース聞蔵 II ビジュアル』を利用し、朝日新聞の記事を検索した。新聞を利用した語の使用実態調査の先駆的研究である金（2006）は 10 年ごとに 2 カ月ずつ新聞を調査する方法を採用している。本研究ではより細かいスパンで観察を行いたいため、2001 年から 5 年おきに、1 月の記事すべてを調査対象とした。また、2016 年以降は用例が急増したため、各年の 1 月の記事すべてを調査対象とした。

　まず、各年の「ヘイト」の使用数と語構成の内訳を図 1 に示す。

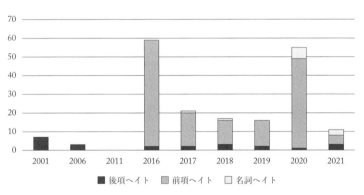

図 1　新聞に出現した「ヘイト」

　00 年代には「アパルトヘイト」の形で後項ヘイトのみが出現していた。2011 年 1 月には「ヘイト」は 1 例も見られない。2016 年に急増するのは、この年の 1 月に大阪市が全国で初めてヘイトスピーチを規制する条例を制定したことによる。また、2019 年 12 月には川崎市が刑事罰つきのヘイトスピーチ規制条例を設けたことが 2020 年 1 月の出現数に影響している。

　まとめると、後項ヘイトは 20 年間一定数使われている。前項ヘイトは 2016 年から使われ始め、現実の影響を受けて使用数が変動する。名詞ヘイトは 2020 年から使用が拡大したように見える。

　次に、語構成ごとに意味をまとめたものが表 1 である。意味の後の数字は

用例数である。

　後項ヘイトはそのほとんどが「アパルトヘイト」であるが、「沖縄ヘイト」のように生産性を獲得したとみられる例も一部見られた。前項ヘイトもほとんどが「ヘイトスピーチ」であるが、「ヘイト本」「ヘイトデモ」「ヘイトクライム」などの用例も一定数観察される。名詞ヘイトについては(2)のように漠然と【差別】を表すものと、(3)のように具体的な【悪意に基づく行為・発言】(【行為】と略記)を表すものが見られた。ただし、新聞の【行為】の例は【差別】の意味から分離しきってはいないようにも見える。

表 1　『朝日新聞』に出現した「ヘイト」の意味

語構成	用例数（割合）	意味・用例
後項ヘイト	23 (12.2%)	アパルトヘイト 21、沖縄ヘイト 1、日本人ヘイト 1
前項ヘイト	154 (81.5%)	ヘイトスピーチ 133、ヘイト本 6、ヘイトデモ 5、ヘイトクライム 5
名詞ヘイト	12 (6.3%)	【差別】6、【行為】6
総計	189 (100%)	

(2)　だが、差別やヘイトなどの投稿はやまず、SNS の事業者に対応を求めた。【差別】　　　　　　（『朝日新聞』2021 年 1 月 18 日朝刊 p.3）

(3)　ヘイトや虚偽情報、陰謀論に流されないような基礎を作る必要がある。【行為】　　　　　　（『朝日新聞』2021 年 1 月 18 日朝刊 p.1）

　特筆すべき点として、新聞に見られた名詞ヘイトは 12 例中 5 例が (2)(3) のように並列表現の中で使われていた。「ヘイト」がまだ単語として熟しておらず、他の単語による支えが必要と考えられている可能性がある。

　なお、『朝日新聞』における最古の「ヘイトスピーチ」の用例は 2012 年のもので意外と新しい。

(4)　ネット右翼ですか。彼らは声が大きく、リアル空間では聞けないヘイトスピーチぶりが目立っていますが、ネットを楽しんでいる人たちのごく少数派にすぎない。　　（『朝日新聞』2012 年 9 月 14 日朝刊 p.15）

ちなみに、CiNii による論文検索で「ヘイト」を検索すると 20 世紀の用例は全て「アパルトヘイト」に関するものであり、それ以外の「ヘイト」は 2004 年から現れる。専門家の間で 2004 年に使われ始めた語が、10 年ほど経って新聞でも使われるようになったと言える。

4.　『国語研日本語ウェブコーパス』に見られる「ヘイト」

　インターネット上の「ヘイト」の用例を収集するため、検索システム「梵天」を利用し、『国語研日本語ウェブコーパス』(以下、NWJC)を検索した。NWJC は 100 億語を目標に構築されたコーパスであり、用例は 2014 年 10 月から 12 月にかけて web をクロールして採取されたものである。これは 2014 年に web 上に存在していたということであり、記事が執筆された時期はそれよりも古い場合がほとんどであることに注意が必要である。「梵天」の文字列検索で「ヘイト」を検索した。結果、29,885 例がヒットしたが、新聞のデータ数と合わせるために 200 例をランダムピックアップした。また、「ヘイト」の意味の判定には文脈を理解することが不可欠である。そのため、200 例全ての用例について元のページで文脈を確認した。リンク切れなどの例は 200 例に含めていない。得られた 200 例について語構成ごとに意味をまとめたものが表 2 である。

表 2　『国語研日本語ウェブコーパス』に出現した「ヘイト」の意味

語構成	用例数（割合）	意味・用例
後項ヘイト	36（18.0%）	アパルトヘイト 35、追加ヘイト 1
前項ヘイト	67（33.5%）	ヘイトスピーチ 48、ヘイトクライム 7、ヘイトデモ 4、ヘイトコメント 2
名詞ヘイト	89（44.5%）	【ゲーム】79、【反感】3、【行為】3、【差別】2、【不満】2
その他	8（ 4.0%）	固有名詞 5、英語の hate のカタカナ書き 2、ヘイトする 1
総計	200（100%）	

　新聞の例と比べると、まず語構成の比率が大きく異なっていることが目を

引く。新聞では2020年代であっても「名詞ヘイト」の比率はわずかであるが、webではそれより以前から名詞ヘイトが広く使われている。その大多数は【ゲームでの狙われやすさ】(【ゲーム】と略記)を意味するヘイトである。

　以下、【ゲーム】の「ヘイト」について解説する。RPG（ロールプレイングゲーム）で複数のキャラクターでパーティーを組んで敵と戦うような場合、敵はどのキャラクターを攻撃するかを決定しなければならない。この時に使われる内部パラメータの数値を「ヘイト」と呼ぶ。古典的RPGの『ドラゴンクエスト3』では隊列の後ろのキャラクターが狙われにくいという仕様になっているが、これは最も原始的なヘイト管理システムと言える。

　そして、昨今のMMORPG（大人数が同時に参加して楽しむオンラインRPG）では、ヘイトはプレイヤーがとった行動によって変化する。例えば、回復魔法を使うとヘイトが上がる。回復魔法を使うキャラクターは敵から見て脅威度が高いと判断し、そのキャラクターを優先的に潰すといった行動を再現しているのである。一方で、ヘイトを直接操作するような技もある(例：挑発)。つまり、防御力が高いキャラにヘイトを向けさせることで、他のキャラが安全に戦えるようになる。このような概念を説明した例文が(5)である。

(5)　　ナイトの役目って、敵の<u>ヘイト</u>を様々な技で稼いで、攻撃を自分に集中させるのが基本　　（http://fulufuru.haun.org/mt/log/ffxi/index2.html）

　本研究ではRPGでコンピュータがどのキャラクターを狙うかを決定するという意味で使われているもののみ、【ゲーム】の意味と認定する。(5)のゲームでは「敵」は全てコンピュータが動かしているので、これは【ゲーム】の意味になる。詳しくは後述するが、ゲームの話題でも、人間の意志が介在する場合にはそれ以外の意味を認定する。

　【ゲーム】のヘイトが正確にいつから使われ始めたかはわからなかった。しかし、少なくとも2002年にサービスを開始した『ファイナルファンタジー11』では「ヘイト」はその用語とともに実装されている。(5)も同ゲームについての解説である。これはCiNiiで検索できる最古の「ヘイトスピーチ」

よりも古い。つまり、ネット上ではゲーム用語としての「ヘイト」がまず広く使われ、その後に「ヘイトスピーチ」が使われ始めたと認定できる。

次に、【ゲーム】以外の意味についても取り上げる。まず、(6)は【特定の対象に対する反感】(【反感】と略記)の例である。

(6)　　★やたら周囲を偵察したり、攻めたり、全体チャットで意味のない会話を繰り返すなどでヘイト(敵対心)を稼いでいる

（http://www21.atwiki.jp/eiyuunosiro/pages/62.html）

(6)の文脈はやはりゲームであるが、チャットは人間を対象に行うものであり、コンピュータによる決定を意味する【ゲーム】の意味からは拡張が見られる。ここでは、他人からの反感を買うような行動を「ヘイトを稼ぐ」と表現している。ゲーム内での「挑発」コマンドが、ヘイト値を上昇させることからの類推であると考えられる。また、ゲームでは「経験値を稼ぐ」のように、内部的な数値を上昇させる時にしばしば動詞「稼ぐ」が用いられる。

また、(7)は【漠然とした不満】(【不満】と略記)の例である。

(7)　　むしろ ACV は毎日遊んでる人のほうがヘイト溜まりやすい

（http://jin115.com/archives/51931943.html）

これも文脈はゲームで、ACV とは『アーマード・コア 5』というオンラインアクションゲームの略称である。RPG ではないこと、また、ヘイトが溜まっているのはゲーム内の敵キャラクターではなくゲームをプレイしている人間であることからやはり【ゲーム】の意味から拡張が見られる。「溜まる」は不満からの類推とも考えられるし、「ゲージが溜まる」のようなゲーム用語からの類推の可能性もある。

【反感】【不満】は 2021 年の Twitter 調査ではさらに使用数と使用場面が拡大する用法であり、NWJC ではその使用はまだ萌芽的と言える。しかし、その用例がいずれもゲームの場面であるということは、この 2 つの意味が

【ゲーム】のヘイトから派生したことを強く示唆する。

　また、(8) は「演説の仕方」「運動方法」と並列されていることから、【行為】を意味するヘイトと認定できる。これはヘイトスピーチの文脈である。

(8)　というか自称桜井のあの演説の仕方やヘイト、運動方法はお前の猿真似なんだからもう少し責任持てと

(http://blog.livedoor.jp/googleyoutube/archives/51823759.html)

5.　Twitter に見られる「ヘイト」

　Twitter の用例を収集するため、検索サイト Yahoo! のリアルタイム検索を利用し、文字列「ヘイト」を検索した。岡田・西川 (2017) にならい、2021年の 6 月 8 日 14 時 14 分、6 月 16 日 16 時 7 分、6 月 24 日 15 時 49 分、7 月 2 日 19 時 26 分の 4 回に分けて 50 例ずつ、計 200 例を収集した。全ての例について元ツイートを見て意味の確認を行い、文脈から意味がわからないものは除いている。結果を表 3 にまとめる。

表 3　Twitter に出現した「ヘイト」の意味

語構成	用例数（割合）	意味・用例
後項ヘイト	8（ 4.0%）	キャラヘイト 2、殺人ヘイト、日本ヘイト、日本人ヘイト、反共ヘイト、米軍ヘイト、夜の街ヘイト
前項ヘイト	60（30.0%）	ヘイトスピーチ 42、ヘイト発言 2、ヘイト企業 2
名詞ヘイト	131（65.5%）	【反感】39、【ゲーム】22、【行為】21、【標的】18、【不満】16、【差別】15
その他	1（ 0.5%）	英語の hate のカタカナ書き 1
総計	200（100%）	

　2021 年の Twitter のデータは 2014 年の NWJC のデータと比べて、大きな違いがみられる。まず、「後項ヘイト」については、これまではほとんどが「アパルトヘイト」の用例であったのに対して、その例は 1 例も見られなかった。

(9) session 夜の街のことを取り上げるなら、去年の今頃、歌舞伎町のホスト達が区や厚労省の人達と勉強会を開いて、感染を広めない為にはどうするかっていう事に取り組んでいた事も触れてほしいなぁ…。(中略)夜の街ヘイトを苦々しく聴いてたんだよ。

(https://twitter.com/seitaro777/status/1405057395080921092)

(10) 推しキャラ age のために sage たりなキャラヘイト垂れ流しで誰もそのことを問題視しない

(https://twitter.com/noname04064448/status/1410906139613556736)

　(9) はかなり造語性の高い「夜の街ヘイト」であり、2020 年のコロナ禍の初期に起きた「夜の街」に対するバッシングを指している。これは【悪意に基づく行為・発言】に当たるが、その対象が民族ではなく特定の集団へのバッシングにまで拡大していることがわかる。(10) は「キャラヘイト」であり、二重下線部の「推しキャラ age のために sage たりな」は「自分が好きなキャラを持ち上げるために(他のキャラを)貶すような」という意味である。これは【特定の対象に対する反感】の意味であり、その対象が架空のキャラクターにまで拡大したものと考えることができる。

　「前項ヘイト」の出現率は NWJC と変わらない。しかし、「ヘイト」の後項要素はこれまでは「ヘイト本」を除けばほとんどが外来語であったが、漢語名詞が増えており、そのバリエーションも増えている。また、「前項ヘイト」は基本的には【差別】の意味であったが、Twitter 上では(11)のような「ヘイトスピーチ」の例も見られる。

(11) 面接の打率低いのほんと解せない たぶん背後霊がめちゃくちゃヘイトスピーチしてる

(https://twitter.com/bk_ork/status/1405056012428537858)

　これは面接で落とされまくるのは、背後霊が自分の悪口を言っているからだというジョークである。外国人差別以外の文脈に「ヘイトスピーチ」が進

出している例である。

　「名詞」ヘイトについては、最も用例数が多かったのは【反感】である。

（12）　うちのグループ質疑応答でガンガン質問攻めしたせいで<u>ヘイト買って</u>そうで怖い。（＝（1））

　　　　　　　（https://twitter.com/YUMA68562616/status/1405054752971386882）

　しかし、他の意味で使われていないというわけではなく、むしろ6種の意味がどれも一定数使用されており、多義語として混沌とした状況にあると言える。その中で最も注目すべきなのはNWJCには1例も見られなかった【標的】の意味の「ヘイト」である。以下に例を示す。

（13）　見通しの良い平地は相手の弾が当たらない距離で<u>ヘイト取る</u>のにちょうどいい

　　　　　　　（https://twitter.com/spla_renraku/status/1405058504386170892）

　これは、対戦シューティングというジャンルのゲームで使われる用語である。銃を持って撃ち合うチーム戦で使われる用語であり、わかりやすく言えば「陽動」である。一人が目立つ位置から相手に攻撃をしかける。相手は反撃しなければいけないため、そちらに注意が向く。その隙に、別働プレイヤーが攻撃を仕掛ける。この「相手が自分に集める注意」を指して「ヘイト」と呼ぶ。【ゲーム】はコンピュータがどの敵を攻撃するかを決める概念であったが、【標的】は人間がどの敵を攻撃するかを決める概念である。

6.　コロケーション調査

　ここまでの結果をまとめると、『朝日新聞』では基本的にヘイトスピーチに関する用例しか見つからないが、インターネットではゲームでの用例やそこから派生したと考えられる用例が幅広く見つかると言える。しかし、同じ

インターネットの言語資源でも 2014 年の NWJC と 2021 年の Twitter では
微妙な違いがみられる。この違いは「ヘイト」のコロケーション、共起する
動詞にも傾向の違いとして現れる。全データを合わせて 5 例以上出現した動
詞について、言語資源別に意味との関係をまとめると、表 4 のようになる。

表 4 「ヘイト」のコロケーション

動詞	NWJC（2014 年）				Twitter（2021 年）					
	ゲーム	反感	不満	計	ゲーム	反感	行為	標的	不満	計
稼ぐ	10	2	0	12	0	3	0	0	0	3
取る	3	0	0	3	7	1	0	3	0	11
買う	0	0	0	0	0	9	0	4	1	14
集める	1	0	0	1	0	7	0	2	0	9
たまる	0	1	1	2	0	2	0	1	4	7
リセットする	8	0	0	8	0	0	0	0	0	0
抜ける	5	0	0	5	0	0	0	0	0	0
向く	0	0	0	0	1	0	0	2	2	5
向ける	1	0	0	1	1	1	1	0	1	4

　表 4 を見ると NWJC で多い動詞と Twitter で多い動詞はきれいに分かれ
ていることがわかる。NWJC で最も多い動詞は「稼ぐ」である。一方、
Twitter では NWJC で一例も存在しなかった「買う」が最も多いため、この
変化は劇的と言える。理由としては、NWJC では【ゲーム】、つまりプログ
ラムを対象としていたため、機械的な作業として「経験値を稼ぐ」からの類
推でヘイトを稼いでいた。しかし、Twitter では【反感】や【標的】など人
間が対象となることが増えたため、より人間の介在が意識しやすい「買う」
が選ばれ始めたのではないだろうか。
　また、NWJC では【ゲーム】の用例が多く、それが多様な動詞と共起し
ていたのに対し、Twitter ではこの意味においては「ヘイトを取る」のコロ
ケーションに収斂していったことも興味深い。一方で、Twitter で急激に用
例が増加した【反感】【標的】【不満】はまだ定番のコロケーションが定まっ
ていない状態であるともいえる。今後、1 つのコロケーションに収斂してい
く可能性はある。

7. 若年層に対するアンケート調査

新聞ではヘイトスピーチの文脈でしか見られない「ヘイト」であるが、インターネット上では急速に意味を拡大していることが明らかになった。

中でも【標的】の意味が最も新しく、また最も急速に広がっていると考えられる。現在、オンラインゲームの主流は対戦シューティングであり、子どもたちが見聞きする機会も多い。さらに、「ゲーム実況」という文化も人気であり、実際にゲームをしない子ども達でも YouTube の動画を通じて【標的】の意味の「ヘイト」を見聞きする機会は非常に多くなっていると推察できる。さらに、本書の編者の一人である山内博之氏の長男（中学生、シューティングが得意）から、「ヘイトの意味はよくわからないが、「注目」だと思う。」という衝撃的な証言を得ることが出来た。確かに、【標的】の意味のヘイトは戦術の１つであり、そこにネガティブな意味が入り込む余地はない。陽動作戦であることから、「注目」へと更なる意味拡張が見られても不思議ではない。

そこで、筆者の勤務校の大学生を対象に 2021 年 7 月にオンラインで「ヘイト」の意味について調査を行った。最終的な回答数は 42 名であった。

まず初めに「ヘイト」という文字列を示し、その意味をできる限りたくさん、自由に書いてもらった。その結果を KH Coder を使って集計した結果が表 5 である。

表 5 「ヘイト」の意味記述における頻出語

嫌う 15、意味 9、差別 7、気持ち 6、ヘイト 6、アパルトヘイト 4、嫌悪 4、持つ 4、憎しみ 4、憎悪 4、嫌い 3、憎む 3、悪意 2、悪口 2、感じる 2

「差別」の意味を記述に含めたのは 42 名中 6 名であった。むしろ「嫌う」「憎しみ」といった感情を記述した回答が多く、Twitter で【反感】が多いという結果と整合する。また、1 名のみであったが、「ターゲットにする」という記述のみであった回答者がいた。

続いて、いくつかのコロケーションを示し、「見たことがない」「見たこと

はあるが意味はわからない」「意味もわかる」の3択から選び、意味もわか
る場合はその意味も書いてもらうという調査を行った。記述された個々の意
味は省略し、それぞれのコロケーションがどれほど認知されているかを棒グ
ラフで示す。

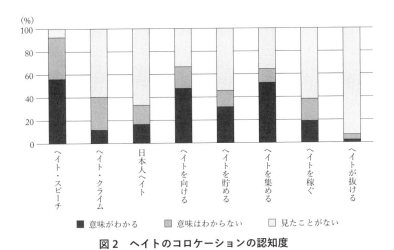

図2　ヘイトのコロケーションの認知度

　「ヘイトスピーチ」は見たことがある回答者は92%と多いが、意味まで説
明できたのは56.1%に留まる。これに次いで「ヘイトを向ける」「ヘイトを
集める」を6割強の回答者が認知しており、約50%が意味まで説明できた。
その回答のほとんどが【反感】の意味であったが、【標的】の意味として説
明した者もいた。今の大学生の「ヘイト」の意味は個人への【反感】が多数
であるが、今後、【標的】そして「注目」の意味が増えていく可能性がある。

8.　おわりに

　本研究では「ヘイト」の意味の広がりについて調査をしてきた。新聞では
「ヘイト」は2013年ごろから【差別】【行為】の意味で使われている。しか
し、ネット上ではそれ以前から【ゲーム】の意味で用いられており、さらに
そこから【反感】【不満】の意味が派生した。そしておそらく2017年前後に

【標的】の意味も派生したと考えられる。「アパルトヘイト」を含めると、「ヘイト」は過去3度にわたって日本語に取り込まれたと言える。いずれも英語の hate を語源とする点で共通しつつも、2021年においては多義語の様相を呈している。「ヘイト」の意味拡大を時間の流れでまとめると図3のようになる。

　図3では3つの独立した意味として描いたが、「ヘイトスピーチ」が個人に対して使われる例などは意味の似ている【反感】からの影響も考えられる。

　最後に、本研究が示唆することは時間による変化もさることながら、位相差に着目することの大切さである。『朝日新聞』とインターネット上のデータには「分断」と言ってよいほどの大きな差が見られた。

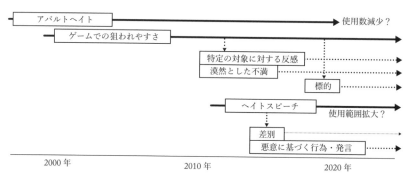

図3　「ヘイト」の意味拡大の歴史

参考文献
岡田祥平・西川由樹(2017)「日本語研究資料としての Twitter―コミュニケーション構造の観点から」『新潟大学教育学部研究紀要 人文・社会科学編』5 (2)：pp.127–154. 新潟大学教育学部
金愛蘭(2006)「外来語「トラブル」の基本語化―20世紀後半の新聞記事における」『日本語の研究』2(2)：pp.18–33. 日本語学会

利用 web サイト
「朝日新聞記事データベース聞蔵II ビジュアル」http://database.asahi.com/library2/

main/top.php

「国語研日本語ウェブコーパス」https://bonten.ninjal.ac.jp/

「CiNii Articles」https://ci.nii.ac.jp/

「Yahoo! Japan」https://www.yahoo.co.jp/

「どんな週末でしたか？」
「ええと、いろいろです……」

岩田一成

1.　はじめに

　筆者が大学時代に所属していた軽音楽部には「いろいろ」という名前のバンドがあった。先輩から「好きなバンドは何？」と聞かれたとき1年生はみんな「いろいろです」とはぐらかすため、頭にきた一人の先輩が自分のバンド名を「いろいろ」にしたのである。はぐらかすのは1年生にしたら当然の自衛手段である。「ゴーキーズザイゴティックマンキが好きです」などと言おうものなら、「なんでピンポイントでそこやねん！」と呆れられるだろう。かといって「ブラーです」なんて言おうものなら先輩に嫌われるかもしれないし、「ツェッペリンです」などと言って、「おう、じゃあ俺のバンドに入れ！」と言われるのも困る。とにかく返事が難しいのである。好きなバンドは複数あること、今ここで具体例を言いたくないことなどを「いろいろ」で1年生は伝えようとしている。どうも「いろいろ」という語は、コミュニケーション上大事な機能を果たしているのではないだろうか。

2.　「いろいろ」の使用実態と先行研究

2.1　談話における「いろいろ」の機能

　「いろいろ」は話題になっている対象が複数あることを伝えることができる。(1)の例で言うと、モノまねのレパートリー自体への言及はないが、とにかく対象が一つではないことを伝えている。

(1)　司会者：　モノまねのネタはどんなのがあるの？

　　　　タレント：いろいろあります。　　　　（テレビ番組の実話を元に作成）

　ここからは文脈状況を詳しく見るために、『名大会話コーパス』から実例をあげていく。このコーパスは、日本語母語話者による雑談を約 100 時間分録音して文字化したもので、名前の通り名古屋大学の関係者が多く参加している（藤村他 2011）。(2)では、「とある学会にいくとあまりいいことがない」という批判的な意見をはっきりと言いたくないために「いろいろ」とごまかしている。これは聞き手への配慮を積極的に行っているとも言える。このように批判などにおいて意図を曖昧にしておく機能は、ヘッジ（hedges）と言われるものである（Brown and Levinson 1987:116）。

(2)　［F は今週、とある学会に参加する］

　　　M：X さんが、なんか、編集委員かなんかやってるんですよ。

　　　F ：ああ、ああ、あー、いろいろ増えると。それも大変ですね。

　　　M：あれもいろいろ、こう、なんて言いますかね。

　　　F ：わたしはまあいいかな、＜笑い＞ときどき行くだけでいいかな。

　　　　　入らなくても。うーん。

　　　M：行ったら、もう、なんか役回ってきますよ。　　　　　　［data035］

　次の例（3）は、発話者 F が「いろいろ」の詳細をはっきり伝える気がない（よくわかっていない可能性もある）。発話を終わらせるために、内容を伏せたまま「いろいろ」と発話している。1 節で紹介した軽音楽部の 1 年生もこのパターンに入る。質問に対して、「いろいろ」と答える発話は詳細を告げずに会話をつなぐ機能であり、簡略化と言われる（尾崎 1981: 45）。そこでは簡略化を「正確に詳しく表現できるにもかかわらず伝達内容を省略する技術」としており、わざわざ正確に言う必要がない場合、詳しく説明するのは大変な場合などの例を挙げている。

(3)　　［ある研究について M が説明を求めている］

　　M：なんの研究だよ。

　　F ：なんか、いろいろ。　　　　　　　　　　　　　　　　［data046］

2.2　先行研究の「いろいろ」

　「いろいろ」は、群数副詞というカテゴリーにおける「要素の一つ一つを多様性において見る関係のもの」（森重 1957: 16）とされている。それを受けて川端（1967）は「いろいろ（と）、さまざま（に）、とりどり（に）、あれこれ（と）、ことごと（に）」の一群は、「みな、ことごとく、すべて、すっかり、そっくり、残らず、一切、全部」という全量の副詞に連続するとしている。関連する他の副詞と比較しながら、その特徴は、全量としての性格を強く持たない、全体において個々を見る点にあるとしている。

　「いろいろ」は、「いろいろな、いろいろの」の形で連体修飾も可能で、数量詞と同じ振る舞いをする。学会誌『国語学』を見ると、「日本語における「種類」に関する語の出現位置と特性：「いろいろ」を中心に」（名取 2001）という国語学会 2001 年春季大会口頭発表の要旨が見つかる。そこでは、(4)bのような述語を修飾する「いろいろ」は、「何がいろいろであるのか」曖昧であることを指摘している。そのため(4)cのように考えた対象である名詞を出さなくても文は曖昧なまま成立する。

(4) a.　　いろいろな問題を考えた。

　　b.　　問題をいろいろ考えた。

　　c.　　いろいろ考えた。　　　　　　　　　　　　　　　　名取（2001）

　要素を多様性において見る、全量としての性格が弱いといった諸特徴から、この曖昧な使用が生まれているのではないだろうか。それが談話機能としてヘッジや簡略化につながっていると考えられる。

3. 学習者発話における「いろいろ」

　ここから、学習者の発話を分析する。使用する KY コーパスは OPI という最長 30 分のインタビュー式会話能力テストを文字化したものである。90 人分のデータがあり、中国語、英語、韓国語を母語とする被検者がそれぞれ 30 人ずつとなっている。その各 30 人の OPI の判定結果は、それぞれ、初級 5 人、中級 10 人、上級 10 人、超級 5 人ずつとなっている。

3.1 「いろいろ」の総出現数

　KY コーパスから「いろいろ、色々」で検索をかけた結果は以下のとおりである。テスター(T)の発話と被験者(S)の発話の両方を記しておく。なお、本稿では被験者を学習者という呼び方で統一したい。

表 1 「いろいろ」の総出現数　総数（T の数／ S の数）

	初級	中級	上級	超級
中国語母語話者	5 （ 2/ 3）	37 （ 8/29）	74 （ 9/ 65）	25 （13/12）
英語母語話者	3 （ 1/ 2）	41 （ 4/37）	43 （23/ 20）	27 （11/16）
韓国語母語話者	8 （ 3/ 5）	23 （ 6/17）	36 （ 7/ 29）	18 （12/ 6）
計 340 （99/241）	16 （ 6/10）	101 （18/83）	153 （39/114）	70 （36/34）

　中級から上級にかけて「いろいろ」の出現数が増えている。中級と上級はインタビュー人数が同じであるが、各自の発話量が増えるため当然の結果ではある。また、全体的に学習者 (S) の方がテスター (T) より高頻度で出現するが、超級になると同数程度になる。なお、類義語の「さまざま、様々」を検索してみたが出現数は 8 で、すべて韓国語を母語とする超級の学習者 2 名が使用しているのみであった。

3.2 冒頭に出現する「いろいろ」

　KY コーパスの例には、(5) (6) のように S が発話冒頭で「いろいろ」を用いている例がある。最初に「いろいろ」と言ってからその内訳を続ける(5)、「いろいろ」で発話を終えてしまってから相手の質問を受けてその内訳を説

明する(6)、両者はどちらも「いろいろ」を用いて上手に会話をつないでいるように見える。本稿では、この冒頭に現れる「いろいろ」に注目して分析を深めたい。

(5)　［英語母語話者中級の下］の例
　　　T：かえりますか、あーそうですか、じゃお友達に、どんなプレゼントを買って帰りたいですか
　　　S：んー、いろいろ、例えば、〈ええ〉本か、〈うん〉cup、コップ、かー〈コップ、うん、うん〉あー、おもしろいはな、〈はい〉おもしろいはな
(6)　［中国語母語話者中級の下］の例
　　　T：どんなテレビを見るんですか
　　　S：いろいろ
　　　T：うーん、んたとえば一つーなにかおもし
　　　S：ニュース、〈うんうん〉うん、好きです、大好きです

　「いろいろ」が発話の冒頭に出現する例をまとめたのが表2である。「いろいろ」の直前にフィラーがついていても冒頭としてカウントしている。「いろいろ」の総出現数(表1)では中級から上級にかけて増加するが、表2では中級である程度出現して、そこをピークに減っていく。

表2　冒頭に出現する「いろいろ」の出現数

	初級	中級	上級	超級
中国語母語話者	1	5	3	0
英語母語話者	2	8	3	1
韓国語母語話者	2	3	2	1
計　31	5	16	8	2

　上記の例文(5)(6)において、(5)は、「いろいろ」と言ってからその内訳を説明しており、全体像を最初に示してから具体例を伝えるという形で発話内容を伝えている。「これからいろいろなことを話します」という全体像を

最初に示すことで、聞き手に結論を伝えているため、「全体像前出し型」と言える。(6)は、「いろいろ」でいったん発話を終えて、相手の質問を挟むことでその内訳を説明している。「いろいろ」の発話で会話のテンポを維持しており、「相手質問による内容補充型」と呼びたい。このパターンは、相手の力を借りることで自分の説明を完結させている。

「全体像前出し型」は15例（初級1中級8上級5超級1）で、中級から上級にかけて分布している。(7)のようにある程度の長さをまとめて話す必要があるため、日本語能力が高くないとうまくできない。初級は(8)の1例だけであるが、全体像をうまくまとめて説明しているとは言い難い。「いろいろ」に後続する内容はその一例を提示するにとどまっている。

(7) ［英語母語話者上級］の例

    T：あそうですか、じゃ日本の文学はどんなものに興味がありますか

    S：ま、いろいろ、が好きですが、〈ええ〉特に、大正と、〈ええ〉昭和時代の、女性、〈ええ〉日本の女性の、文学ですが

(8) ［韓国語母語話者初級の上］の例

    T：あい、じゃ、もしね、〈はい〉あなたのお友達がにほんにー、いらっしゃったら、〈はい〉どんなところを、案内したいですか

    S：うーん、、んーいろいろたくさんありますが、〈はい〉うーんん、、まじゅ、んーわたしが勉強するー学校、〈ん、うん、あ｛笑い｝そうですか〉んかっこう案内しています、〈え、あーそうですか〉はい、案内し、〈はい〉しったいです

「相手質問による内容補充型」は10例（初級3中級5上級2）で、初級から中級にかけて分布している。相手の助けを得ることでやり取りが成立するため(9)のように日本語能力は低くても対応可能である。「いろいろ」の後で、相手の質問を受けて内容補充をしている箇所に下線を引いている。(10)の例も「いろいろ」の発話の後、相手がかなり丁寧に質問してくれることで、「いろいろ」の内容補充（下線部）に至っている。

(9) ［英語母語話者初級の中］の例

T：あそう、〈うん〉じゃ、食べ物は、あのにほんの食べ物はいかが
　　ですか

S：うん、あー、うん、うん、いろいろ

T：うん好きですか

S：うん、とても好きです

T：なにが好きですか

S：あーすしとー、〈｛咳｝〉うなぎーとさしみと、〈｛咳｝、うん〉んす
　　きやきー、〈｛咳｝うん〉あーなどです

(10) ［英語母語話者中級の中］の例

S：あーそうですか、あのー、文京区にすんでいましたけど、あの東
　　京好きです

T：ああ、どうしてですか

S：あのー、いろいろの人がいます、〈ええ〉で、あのー、好きです

T：いろんな人がいる

S：え

T：いろいろな人がいる

S：いろいろな人

T：どどんな人がいますか

S：あの、あー｛笑い｝何ていうかなー、あのー、まじめな人と、あ
　　のパーティーが好きな人と、あのー赤い、髪、あのー｛笑い｝

　本稿はKYコーパスのOPIデータを用いているため、Tが丁寧にSの発
話を掘り下げている。結果としてこのタイプが出現している可能性はある
が、日常生活で相手がこんなに掘り下げてくれるとは限らない。ただし、相
手の掘り下げがなかったとしても、「いろいろ」で発話を完結し、相手に発
言権を渡すことでやり取りは継続できる。そういう意味で「相手質問による
内容補充型」（相手質問がなかったとしても）は重要な機能を果たしていると
言える。なお、両タイプに当てはまらない内容補充無しの例は6例あった。

4. 学習者が「いろいろ」と発言する直前の質問

　(5)(6)では学習者が発話冒頭で「いろいろ」を用いていたが、どちらも、「どんな？」という疑問詞を用いた質問に答えている。ある程度の長さの文レベル、段落レベルで答えなければならない状況で「いろいろ」と言うことで、上手にコミュニケーションをつないでいる。ここでは、発話冒頭の「いろいろ」から、その直前の質問に視点を移して議論したい。

　発話の冒頭に「いろいろ」が出現する際、31例中27例は直前のTが何らかの質問をしている。直前にTから質問を受けている例をここでは分析したい。以下に、直前のTの発話のみを抽出して、レベル別・疑問詞別に並べる。なお、疑問詞には下線を引いている。

(11)　初級データの例
　　　・黒くて小さい鞄、〈はいはい〉で、えーっと、どんな、あのー、革、でできてますかそれとも布、でできてますか
　　　・もしね、〈はい〉あなたのお友達がにほんにー、いらっしゃったら、〈はい〉どんなところを、案内したいですか
　　　・じゃ、食べ物は、あのにほんの食べ物はいかがですか
　　　・どこで、教えますか
(12)　中級データの例
　　　・どんなテレビを見るんですか
　　　・休みの日には、どんなことをしていますか
　　　・じゃお友達に、どんなプレゼントを買って帰りたいですか
　　　・テレビはどんなテレビを見ますか
　　　・学生はどんな人達でしたか
　　　・週末には、お料理の他に、どんなことをしますか
　　　・具体的にはどんなことをするんですか
　　　・で部屋の中はどうなってますか、〈部屋に〉部屋の中はどうなってますか

・どうですか留学生会館は、〈うーん〉住みやすいですか
・(東京が好きという相手に対して)ああ、どうしてですか
・あの買い物って、なにを買うんですか
・その北京と、にほんを比べてみると、なんか、あのなにか違っているところがありますか
・あー日本人のお友達がね、いらっしゃるんですね、あーそうですか、それは、あの同じぐらいの年の女の方ですか
・朝から夜まで、ちょっと教えてくれませんか
・あーそうですか、もう会いましたか

(13)　上級データの例
・その動物の番組ってどんな番組ですか、私テレビ、家になくて
・どんなことをしているのが面白かったですか
・日本の文学はどんなものに興味がありますか
・ああ、どんな話をしますか
・週末にはなにをしますか
・うん、んー、にほんーでどこか旅行に行きましたか
・それはあの自分の家のペットの、何かしているのを、あの、撮影して、撮影したのをテレビで見せるんですか、

(14)　超級データの例
・［大学名］を選んだ理由っていうのは、なにかあるんですか

　(11)〜(14)を見ると、Tは大部分が「どんな、どう、いかが」という疑問詞で質問を行い、やや長めの発話を促していることがわかる。その他の場合も、「どんな、どう、いかが」でパラフレーズできる質問である。例えば、(11)の初級データにある「どこで、教えますか」という質問は、「どんな学校で教えていますか」と言ってもかまわない。Tが長めの発話を促すということは、Sが語レベルでは対応できないということであり、これらはSの発話にプレッシャーがかかる問いである。
　上記27例以外としてはまず、Sが何を言っているのかわからない場面で

のTによる聞き返しが2例あった。Sの不明瞭な発話をTが問い返す時に、Sが「いろいろ」から発話を始めている。これらもSにプレッシャーがかかるという点で、これまでの例と同じに扱える。なお、直前が質問ではない例は(15)(16)の2例しかない。

(15) ［英語母語話者上級］の例
　　　　T：そうですね、あのま、大学で英語を習いましたし、〈ああ、はい〉ドイツ語もちょっと習いましたしね、それからあとは自分でスペイン語今勉強していますけれど
　　　　S：うーん、いろいろ勉強していますね
(16) ［韓国語母語話者超級］の例
　　　　T：ほんと、今日はどうもありがとうございました
　　　　S：あ、いえいえ、色々、どうも、これで大丈夫でしょうか

5.　ストラテジー能力としての「いろいろ」使用

　4節で見たように、Tが「どんな、どう、いかが」で質問し、長めの発話を促すような場合、Sの発話に「いろいろ」が出現した。Sは、長い発話の頭出しとして「いろいろ」を用いたり（「全体像前出し型」）、「いろいろ」で発話を一区切りし相手の質問を受けることで内容を補充したり（「相手質問による内容補充型」）していた。これらはある種のストラテジーとして捉えることができる。

　2.1項の簡略化を説明する際に紹介した尾崎（1981: 46）は、学習者の問題回避に視点の一つを置いて分析を行っている。そこでは学習者が「いろいろ」を表現の不足を補う手段として使用していることも指摘している。

　　　「時々」「たいてい」「いろいろ」「いっぱい」「ごろ」などは簡略化の手段としてだけではなく、表現力の不足を補う手段としても用いることができる。これらのことばの辞書的、構文的意味に加えて、コミュニケー

ションの面からの利用法を初級段階から学習者に意識させるべきだろう。 尾崎(1981: 46)

　ここで言う表現力の不足を補う手段というのは、パフォーマンス要因(For performance factors)のストラテジー能力(Canale 1983)にもつながる。考えをまとめたり文型を探したりしている間に、時間を埋めるべく「いろいろ」を使って会話を維持していると見ることもできる。「相手質問による内容補充型」では、「いろいろ」で話を切り上げている。これは表現力の不足を補っているとも言えるし、相手の質問によって詳細を話すための準備をしているとも言える。「全体像前出し型」は、まさに「いろいろ」で時間を稼いで、後に続く内容を考えているという見方もできる。本稿では、このストラテジー能力が中級段階では頻繁に使われるが、上級にいくにつれて消えていくことを示した。

　KYコーパスの学習者データには、母語話者が用いていたヘッジや簡略化といった例が見られなかった。この理由はOPIという試験のやり取りデータを利用していることに求められる可能性がある。お互いに当たり障りのない会話を行う試験会話ではあまり込み入ったやり取りが期待できない。ただ、学習者もストラテジーとして「いろいろ」を用いていることはここまでに確認した通りである。

6.　疑問文への注目

　学習者が発話する「いろいろ」を分析するに当たり、本稿ではその直前の疑問文に注目してきた。学習者の言語使用を観察する際に日本人側が発する疑問文を分析することが重要であることをここで論じたい。

　教室活動における疑問文の分析は、一般にDisplay Question(提示質問)とReferential Question(指示質問)が区別される(Long and Sato 1983)。読解の内容確認など、すでに教師が知っていることを聞く質問が前者、学習者情報に関する質問など、教師が知らないことを聞く質問が後者に当たる。これら

は文脈との関係により分類されている。本稿で扱ったような OPI のインタビューデータ (KY コーパス) は Display Question がないため、この区別は活用できないが、教室活動の分析には重要な視点である。

　形式に注目したものは、真偽疑問文 (yes-no 疑問文) と疑問詞疑問文 (wh 疑問文) の区別がある。OPI では、前者は語レベルで答えられるが、後者は文レベル、段落レベルで答えなければならないため、学習者の負荷が異なると考える (山内 2005)。本稿でもこの学習者の負荷を分析において重視してきたが、疑問詞疑問文の中でも特に「どんな、どう、いかが」といったものはより負担が大きい可能性がある。こういった知見は OPI では共有されているようだが、教室活動や学習者の発話を分析するときにも重要であると言える。また、真偽疑問文が必ずしも語レベルで対応できるわけではないことは注意を要する。(12) 中級データの例で「あー日本人のお友達がね、いらっしゃるんですね、あーそうですか、それは、あの同じぐらいの年の女の方ですか」という真偽疑問文があったが、これは「お友達はどんな人ですか」という説明を促しているため、答えは文レベル、段落レベルになる。

7.　おわりに (日本語教育への提案)

　ここまで母語話者が簡略化として用いている「いろいろ」を、学習者のストラテジー能力として捉え直せることを見てきた。ここまでの議論を考えると、「いろいろ」を単なる語彙としてではなくコミュニケーションにおける機能を学習項目として日本語教育に取り入れてもいいのではないだろうか。

　最後にここで学習者に提示する「いろいろ」の例文を提案して本稿を締めくくりたい。なお、現在主要教科書では、「いろいろ」は語彙として提示されているだけである。以下の例は、文字通りの「いろいろ」である。

(17) 『みんなの日本語　初級 I 第二版』の会話例
　　　(富士山の登山について二人がスケジュール調整を行っている)
　　　小林　　　じゃ、<u>いろいろ</u>調べて、また電話するよ。

タワポン　ありがとう。待っているよ。

　初級段階で、ストラテジーとしての「いろいろ」を学習者に提示するとし
たら、以下のようなものが考えられる。3.2項で紹介したKYコーパスの例
から、(18)のような「全体像前出し型」、初級の前半なら(19)のように「相
手質問による内容補充型」があってもいいであろう。

(18)
　　　T：どんな週末でしたか？
　　　S：ええと、いろいろです。買い物をして、掃除をしました。
(19)
　　　T：どんな週末でしたか？
　　　S：ええと、いろいろです。
　　　T：何をしましたか？
　　　S：買い物をして、掃除をしました。

　また、母語話者の例であったような、言いにくいことを言うときのヘッジ
や簡略化といった使い方を例文にすると、以下のようになる。(20)は「いろ
いろ」の内訳を一部隠して伝える例、(21)は内訳を全部隠してしまう例であ
る。

(20)
　　　T：どうして宿題を忘れましたか？
　　　S：いろいろありますが、体調が悪かったです。
(21)
　　　T：寮の友達とけんかをしたりしますか？
　　　S：まあそれはいろいろですからね〜。

　本稿は話し言葉のデータを見てきたが、学習者の書き言葉を扱った『YNU

書き言葉コーパス』(金澤編 2014)を見ると「全体像前出し型」は見つかる。下線部で内容を補充しているが、必ずしも話し言葉だけのストラテジーではないと言える。

(22)　まずはトックをお湯に入れてあたためます。そのトックをあたためる間、 いろいろ なやさい、ピマン、にんじん、たまねぎ、などを一口に食べれるくらいの大きさで切ります。　　　　韓国語母語話者タスク 09

　書き言葉における「いろいろ」の機能は、話し言葉とはわけて考える必要があるのではないだろうか。当然ではあるが、書き言葉に「相手質問による内容補充型」は存在しない。今後の課題としたい。

参考文献

尾崎明人(1981)「外国人の日本語の実態」『日本語教育』45: pp.41–52. 日本語教育学会

金澤裕之編(2014)『日本語教育のためのタスク別書き言葉コーパス』ひつじ書房

川端善明(1967)「数・量の副詞―時空副詞との関連」『国語国文』36(10): pp.1–27.

名取伸子(2001)「日本語における「種類」に関する語の出現位置と特性―「いろいろ」を中心に【研究発表会発表要旨】」『國語學』52(3): p.97. 日本語学会

藤村逸子・大曽美恵子・大島ディヴィッド義和(2011)「会話コーパスの構築によるコミュニケーション研究」藤村逸子・滝沢直宏編『言語研究の技法―データの収集と分析』pp.43–72. ひつじ書房

森重敏(1957)「並立副詞と群数副詞との設定」『国語国文』26(10): pp.1–19. 中央図書出版社

山内博之(2005)『OPI の考え方に基づいた日本語教授法―話す能力を高めるために』ひつじ書房

Brown, Penelope and Stephen C. Levinson (1987) *Politeness: Some universals in language usage.* Cambridge University Press.

Canale, Michael (1983) From communicative competence to language pedagogy. In Jack C. Richards and Richard W. Schmidt (eds.) *Language and Communication.* Longman.

Long, Michael H. and Charlene J. Sato (1983) Classroom foreigner talk discourse: forms and functions of teacher's question. In Herbert Seliger and Michael Long (eds.) *Classroom Oriented research in second language acquisition.* Rowley.

第5部　副産物いろいろ

きっかり 10 時

1.　はじめに

　本稿は副詞「きっかり」に注目する。「きっかり」に着目することにした
直接のきっかけは、筆者らが小学生に対して行った語彙調査の結果を見たこ
とである。筆者もメンバーの一人である広島県教育委員会の小学校低学年の
つまずきを明らかにする専門家チーム（代表：今井むつみ）は、広島県内の
小学校で学ぶ児童（2 年生から 4 年生）を対象にして語彙に関する調査を行っ
た[1]。その調査課題の問題の 1 つで、正答であるはずの「きっかり」の選択
をした児童が非常に少ないことが分かった。その問題は(1)である。

(1)　　にていることばはどれですか。
　　　ちょうど：「ちょうど 10 時です。」
　　　　　　　1.　きっちり　　［選択率：約 90%］
　　　　　　　2.　うっかり　　［選択率：約 4%］
　　　（正）　3.　きっかり　　［選択率：約 5%］

　この問題では、「きっかり 10 時です。」が正答になるが、「きっかり」を選
択した児童は 5% に過ぎない。この結果を見て、なぜ小学生がここまで「きっ
かり」を選ばないのか不思議に思った。「きっかり」は子どもにとってなじ
みがない語なのか。そこで、「きっかり」の使用のされ方がどうなっている
のかについて分析することにした。

2. 辞書の記述

　大人向けの辞書での説明の例として、『日本国語大辞典』(第二版)を調べてみると、「きっかり」の用法は2つあった。語釈と掲載された例文のうち、最も現代に近い用例を抜粋する。

　　きっかり〔副〕(「と」を伴って用いることもある)

　　(1) きわだって、はっきりした様子を表わす語。くっきり。

　　　　コサビネ艦隊の抜錨〔1930〕〈龍胆寺雄〉「大きく沈んで行く陽は〈略〉港を囲んだすべての建物をきっかりとくまどった影にして」

　　(2) 数量、時間などが正確な様子を表わす語。名詞的にも用いる。ちょうど。ぴったり。きっちり。

　　　　中村右衛門氏のための弁論〔1959〕〈中島健蔵〉「きっかり千人以上集まったか」

　用法(1)は動詞を修飾するもので、用法(2)は数量や時間を表す名詞を修飾するものであると考えられる。

　それでは、子ども向けの辞書には「きっかり」は載っているのか。そこで、小学生向けの国語辞書6種類で「きっかり」の掲載があるかどうかを調べてみた。その結果は表1のとおりである(下線は著者による)。

表1　小学生向けの辞書での説明

辞書名	説明
三省堂 例解小学国語辞典第六版	<u>きっかり</u>〔副詞(-と)〕少しのくいちがいもないようす。ちょうど。ぴったり。(例)十時きっかりで仕事をやめる。
新レインボー小学国語辞典 改訂版第5版小型版	<u>きっかり</u>(と)〔副詞〕はんぱがなく、ちょうど。かっきり。(例)きっかり五時に始まる。／料金はきっかり一〇〇〇円です。／一キロきっかりの牛肉。
小学新国語辞典改訂版	<u>きっかり・に・と</u>　ちょうど。ぴったり。(例)五時きっかりに仕事を終えた。
例解学習国語辞典第十版	<u>きっかり</u>〔副詞〕ぴったり。きっちり。(例)授業は九時きっかりに始まる。

チャレンジ小学国語辞典 カラー版	きっかり［副詞］数や時間が、半端がなくて、切りがよいようす。ちょうど。ぴったり。（例）きっかり一万円／五時きっかりに家に着いた。
新レインボー はじめて国語辞典初版	きっかり　はんぱがなく、ちょうど。（れい）きっかり五時に始まる。

　上記の子ども向けの辞書には、いずれも「きっかり」という語が掲載されていた。子ども向けの辞書では、大人向けの辞書（『日本国語大辞典』）の語釈のうち、2番目の用法のみが取り上げられている。また、例文はいずれも作例で、例えば「十時きっかりで仕事をやめる」というように、時間を表す語と一緒に「きっかり」を使う例文をすべての辞書が掲載していた。また、「きっかり五時に始まります。」というように、開始時刻、終了時刻を表す例文が多かった。

　「きっかり」は子ども向けの国語辞書に掲載されているが、語彙調査でほとんどの小学生が選択しなかったのであれば、小学生はそもそも、「きっかり」を辞書で引く機会がないのではないか。そこで、「きっかり」が使用される文脈にどんな傾向があるのかを日本語コーパスで調べてみることにした。

3. 使用される文脈

　「きっかり」を「まとめて検索 KOTONOHA」（試験公開版）で検索してみると、表2に示すように157件と、使用頻度が少ないことが分かった[2]。「きっかり」はあまり頻繁に使われない副詞であるということだろう。

表2　まとめて検索 KOTONOHA による「きっかり」の検索結果（157件）

コーパス	件数	検索対象語数
現代日本語書き言葉均衡コーパス BCCWJ	114	104,911,460
国語研日本語ウェブコーパス NWJC	34	86,277,772
日本語話し言葉コーパス CSJ	4	7,576,046
日本語日常会話コーパス CEJC	0	1,247,080
昭和話し言葉コーパス SSC	1	528,589
名大会話コーパス NUCC	1	1,131,971

現日研・職場談話コーパス CWPC	2	186,906
日本語歴史コーパス CHJ	1	17,604,526
日本語諸方言コーパス COJADS	0	769,394
多言語母語の日本語学習者横断コーパス I-JAS	0	3,667,760

　表2の検索結果のように、話し言葉に関するコーパス（CSJ, CEJC, SSC, NUCC, CWPC）ではほとんど用例がなかった。その中で『現日研・職場談話コーパス』（CWPC）は、コーパス全体の語数が約18万語と比較的、収録語数が少ないコーパスでありながら、(2)の2件が出現していた。

(2)　「報告は何時まで＃＃です。報告は5時まで。5時まで、<u>きっかり</u>。」
（ママ）
　　　　　（M18A ／男／ 20代／図書館員／図書館員（収書係）／朝／雑談）
　　　「午後からでしょ。えー5時<u>きっかり</u>ぐらいに出ないと。」
　　　　　（M19A ／男／ 20代／図書館員／図書館員（資料相談係）／休憩／雑談）

　このことから「きっかり」は、話し言葉の場合には、社会人が良く使う語なのかもしれないと予想されるが、用例数が少なく、使用される文脈や話者の属性を一般化することができなかった。
　書き言葉に関するコーパス（BCCWJ, NWJC）のうち、『国語研日本語ウェブコーパス』（NWJC）では34件の出現があったが、2021年9月時点でデータの公開が一部に限られているため、これ以上の分析は行わなかった。『現代日本語書き言葉均衡コーパス中納言版』（中納言2.4.5データバージョン2021.03）（BCCWJ）では114件の使用があった。表3が示すように、BCCWJ の「きっかり」のレジスターを確認したところ、書籍・雑誌（〈出版・書籍〉〈出版・雑誌〉〈図書館・書籍〉〈特定目的・ベストセラー〉）が102件、ブログ・知恵袋（〈特定目的・ブログ〉〈特定目的・知恵袋〉）が12件であった。教科書をはじめ、新聞、広報誌、国会会議録、白書、法律、韻文での使用は1件もなかった。

表3　BCCWJ における「きっかり」のレジスターごとの出現件数（114件）

レジスター	粗頻度	レジスター語数	pmw
出版・雑誌	3	3,480,827	0.9
出版・書籍	33	22,857,886	1.4
出版・新聞	0	997,535	0.0
図書館・書籍	57	25,092,639	2.3
特定目的・ブログ	6	8,285,042	0.7
特定目的・ベストセラー	9	3,185,745	2.8
特定目的・韻文	0	202,425	0.0
特定目的・教科書	0	746,170	0.0
特定目的・広報誌	0	2,308,452	0.0
特定目的・国会会議録	0	4,007,842	0.0
特定目的・知恵袋	6	8,613,023	0.7
特定目的・白書	0	3,100,617	0.0
特定目的・法律	0	706,313	0.0

　この結果から、「きっかり」は、書き言葉では書籍に出現することが多い語であることが分かる。

　日常生活では、集合時間を決める、日課を報告する、計画を共有するなど、時間に関するやりとりはよく行われる。書籍にもそのような場面が描かれることはあるだろう。しかし、「?明日、8時きっかりに映画館の前で会おうか。」と友だちを誘うのは、どこかおかしく感じられる。「きっかり」には文脈による使用制限があるようだが、実際にはどのような使われ方がされる語なのだろうか。そこで、使用される文脈をたどりやすく、例文も比較的多かった BCCWJ での用例をさらに分析することにした。

4.　BCCWJ における「きっかり」

　まず、BCCWJ で使用があった114件すべてを、『日本国語大辞典』の用法(1)、用法(2)のどちらになるかで分類した。その結果、用法(1)が9件であった[3]のに対して、用法(2)が102件と際立って多かった。用法(1)は、例えば「<u>きっかり</u>と目をひらいたまま」(宮尾登美子『蔵』)、「白い襟元をやや詰め気味にして<u>きっかり</u>と着ている」(渡辺淳一『うたかた』)のような使い方だった。また、用法(1)と用法(2)の間にあるような使われ方が3件あっ

た。例えば「夏のあいだの家賃をきっかり、七月分、八月分と書いた紙と一緒に置いていってくれたわ。」(T・E・D・クライン／大瀧啓裕訳『復活の儀式』)のような使用で、「きっかり」が動詞「置いていく」を修飾しているとも、名詞「七月分、八月分」を修飾しているとも考えられる使われ方をしていた。

　上記の分析で明らかになった通り、BCCWJ での「きっかり」の使用の多くは用法(2)であった。本稿の2節で見たように、子ども向けの辞書は用法(2)に限って語釈が掲載されていたが、これは実際に書き言葉の使用頻度にも合っていることが分かった。

　さて、ここからは用法(2)の 102 件に焦点化して詳しく見ることにする。まずは用法(2)の「きっかり」で、時間、数量など、どんなものが「きっかり」と表現されるのか、分析した結果を表4に示す。

表4　BCCWJ において「きっかり」で描写される語の分析

「きっかり」が描写する対象	書籍	ブログ	知恵袋	合計	
				件数	(%)
時間・期間・時刻・時期	83	3	3	89	(87.3)
金額	4		1	5	(4.9)
分量	2	1		3	(2.9)
回数	2			2	(2.0)
カット枚数	1			1	(1.0)
長さ	1			1	(1.0)
色			1	1	(1.0)
合計	93	4	5	102	(100)

　上の結果が示すように、「きっかり」は、とくに、時間・期間・時刻・時期の正確さを表すのによく使われる副詞であることが分かる。本稿の2節で見たように、子ども向けの辞書では、時刻に関する例文が掲載されていたが、この例文は実際の使用のされ方の傾向にも合っていることが分かった。

　時間・期間・時刻・時期以外には、金額、分量、回数などの用例が複数あった。金額の用例としては、「キッカリ割り勘」(Yahoo! 知恵袋)、「きっかり五百ポンド」(T・S・ストリブリング／倉阪鬼一郎訳『世界探偵小説全集』)、

分量の用例としては、「きっかりダブルフィンガー」（津曲真樹『ひそやかな消滅』）、回数を表す用例としては、「きっかり十一回」（村山由佳『きみのためにできること』）のような使用があった。

　ここからは、BCCWJにおいて「きっかり」の使用の大半を占めている書籍（〈出版・書籍〉〈図書館・書籍〉〈特定目的・ベストセラー〉）での使用（以下、BCCWJ書籍）90件について、使用のされ方に特徴がないか、さらに見ることにする。

　次の表5は、BCCWJ書籍で「きっかり」が使用されるジャンルを分析したものである。

表5　BCCWJ書籍における「きっかり」のジャンルごとの出現件数（90件）

ジャンル	粗頻度	ジャンル語数	pmw
0 総記	1	1,192,037	0.8
1 哲学	1	2,722,802	0.4
2 歴史	6	4,664,322	1.3
3 社会	7	10,499,413	0.7
4 自然	1	3,529,089	0.3
5 技術	0	3,192,535	0.0
6 産業	2	1,717,636	1.2
7 芸術	4	3,340,100	1.2
8 言語	0	803,081	0.0
9 文学	68	17,548,951	3.9

　この結果から、様々なジャンルの書籍で「きっかり」が使用されるが、中でも「9文学」で「きっかり」の使用頻度が目立って高いことが分かる。

5.　書籍の中の「きっかり」

　BCCWJ書籍の使用の中から執筆者不明である1件を除いた89件では、和書が67件、翻訳書が22件あった。これらの書籍では、「きっかり」はどのような使用のされ方をしているのか。そこで、「きっかり」が地の文に出るのか台詞に出るのかで集計した結果が表6である。

表6　BCCWJ 書籍における「きっかり」が出現する文の種類

		地の文	台詞	台詞 (間接引用)	メモ	筆者 注釈	合計
和書	件数	58	8	1	0	0	67
	(%)	(86.6)	(11.9)	(1.5)	(0.0)	(0.0)	(100)
翻訳	件数	10	9	1	1	1	22
	(%)	(45.5)	(40.9)	(4.5)	(4.5)	(4.5)	(100)
計	件数	68	17	2	1	1	89
	(%)	(76.4)	(19.1)	(2.2)	(1.1)	(1.1)	(100)

　「きっかり」は件数を見ると、特に和書では 86.6% が地の文、13.4% が台詞の文で使用されており、地の文に用いられることが非常に多い。これに比べて翻訳書は「きっかり」が台詞の中に用いられる割合が 45.5% と、和書よりも目立って多いことが分かった。翻訳書では台詞に準ずるものとして、作中のメモ[4]、筆者 (一人称で語る小説) の注釈[5] の中に用いられたものも 1 件ずつあった。

　ここからは、地の文、台詞の文に分けて「きっかり」の使用のされ方を分析する。

5.1　地の文の「きっかり」

　地の文での用例は (3) のようなものである。

(3)　自分のカンが当らないことを願う心地だった。翌日の夕方、五時きっ<u>かり</u>に、長海ゆかりは姿を見せた。　　　　　（仁木悦子『一匹や二匹』）

　地の文での使われ方を詳しく見てみると、時計の描写とともに、「きっかり」という副詞を使用している用例が 9 件あった。例えば (4)、(5) の例である。

(4)　大時計の針が<u>きっかり</u>六時を指し、うつろな音が雑閙のうえの空に鳴りわたる。　　　　　　　　　　　　　　（田村隆一『詩人のノート』）
(5)　矢寿志はちょっと自分の腕時計を見た。約束の時刻<u>キッカリ</u>だった。

「とんでもない。時間はピッタリです」と、矢寿志は笑った。

（斎藤栄『新横浜駅殺人旅行』）

　「きっかり」は時計の描写と相性が良いのかもしれない。また(5)の例では、地の文では、「キッカリ」であるのに、台詞の中では「ピッタリ」を用いていることにも注目したい。単に時間通りであるという意味では、台詞の中では「きっかり」は使いにくいのかもしれない。これに関しては台詞の項(5.2)で改めて考える。

　地の文に関するそのほかの特徴としては、「きっかり」と共に現れる時刻が、例えば「翌日の9時きっかりに出発した。」というように、いつのその時刻なのか、詳しく示されている用例が18件あったことが挙げられる。例えば、(6)、(7)のような使い方である。

(6)　昭和六十年五月六日が過ぎる時点、つまり、七日の午前零時きっかりに、時効期間が満了することになるわけだ。

（和久峻三『法廷博物学』）

(7)　睦月は医者で、毎朝九時十分きっかりに車ででかける。

（江國香織『きらきらひかる』）

　このように、「きっかり」は、その時点をもって何かが大きく変わるような特定の時点を厳密に示す場合や、少しの時間的なずれも許さずにルーティンを守る人物像の描写をする場合に用いられていた。

5.2　台詞の中の「きっかり」

　台詞の中での「きっかり」の使用は19件（和書9件、翻訳書10件）あった。そこで、書籍で「きっかり」が台詞の中に使われている場合、それがどのような機能を表す台詞なのかという観点で分類した。

　その結果、「きっかり」は台詞の中では特に、一人語りの描写場面で使用されることが多く、そのような使用が19件中12件（和書6件、翻訳書6件）

あった。例えば、(8)、(9)のような使い方である。

(8)　　トレースはオナーを抱き寄せ、話を続けた。「母さん、J・Jと協力し
　　　　て、コロラドスプリングス始まって以来の盛大な結婚式をお願いする
　　　　よ。そのための時間は、<u>きっかり</u>六週間。クリスマスを迎えるころに
　　　　は、この世にはもうオナー・オブライエンは存在しなくなる。彼女は
　　　　オナー・ローガンになるんだ」

　　　　　　　　　　　　　　（シャロン・サラ／槇由子訳『永遠をさがして』）

(9)　　「それにしてもですよ、奥さん。<u>きっかり</u>二十時十八分になると、死
　　　　神に取り憑かれ、自分が自殺する幻影を見たりするのは、どういうわ
　　　　けでしょうね？」　　　　　　　　　（和久峻三『20時18分の死神』）

　一人語りの文脈では、地の文と同じく、少しのずれも許さないような厳密
な時間・期間・時刻・時期の描写に「きっかり」が用いられていると考えら
れる。

　台詞の中で用いられる「きっかり」の特徴としては、間接引用の形で、他
者の指示や意志が語られるものが3件（和書2件、翻訳書1件）あった。例え
ば、(10)のような使用である。

(10)　「こう言ったんです。長峯夫人が弱っているから、解放してやると…
　　　　身の代金をもらっていることでもあるからって…」「それで？」「午前
　　　　三時<u>きっかり</u>に、長峯夫人の妹の森本美和子を連れ、車で琴電琴平駅
　　　　前まで来いと言うんです」　　　　　（和久峻三『銭形砂絵殺人事件』）

　間接引用の台詞では、指示を出した人が時間などのずれを少しも許さない
と話者が受け取っていることを、「きっかり」を使って表しているのだろう。

　一人語りの描写の場面以外の7件を見てみると、「きっかり」は、他者に
交渉の条件を提示する文での使用が3件（和書0件、翻訳書3件）あった。例
えば、(11)、(12)のような使い方である。

(11) 「明日です」「あっちも心配してるということね？」「そう思います」
「手付は百五十万だと言うのよ。われわれが受け取るのはそれだけ。
百五十万きっかりでなければ、取引はなし」オルレンコは忍び笑いを
もらした。「ほんとに考えつくしてますね？」「何もかもね。前金がな
いなら─百五十万きっかりでね─弾頭もなし、すべてご破算。彼の決
定よ」　　　　　　　　　（ブライアン・フリーマントル／松本剛史訳『爆魔』）

(12) 「制限時間は十五分だぞ。玄関に足を踏みいれてからきっかり十五分
だ」ジープのエンジンを轟かせ、エドワードはタイヤをきしませなが
らＵターンした。
　　　　　　　　　　　（ステファニー・メイヤー／小原亜美訳『闇の吸血鬼一族』）

　(11)、(12)はいずれも、交渉成立の条件を相手に伝え、提示した以外の金
額や時間は絶対に認めないと語る文脈である。
　また、話し手の意志を表す文での使用が２件(和書２件、翻訳書０件)あっ
た。(13)のような使い方である。

(13) 「誰かそばにいるのね」声は、気配を感じとってそう尋ねてきた。「あ
あ」「それなら一時間以内にその誰かを帰して。今からきっかり一時
間後にまた電話を入れるわ」デュランが返事を口にする暇も与えず、
電話は切られた。　　　　　　　　　　（連城三紀彦『美の神たちの叛乱』）

　(13)は、少しの時間の猶予もない中で、電話の声(マリー)が、死んだはず
の自分の存在をデュラン以外に悟られないようにしながら、厳密に時間を指
定して電話をかけ直すという強い意志を告げる状況で使用されていた。
　これ以外には、(14)のように、やりとりの相手からの質問に答える文の中
で「きっかり」が使用されている例も１件(和書１件、翻訳書０件)あった。

(14) 「すみません。でも、貴重な休暇時間ですので」「フン。何時間もらっ
たんだ？」「きっかり三時間です」「フン、ＩＥＯもケチくさいなあ」

ダイアロンはブツブツ言いながらうなずいた。

(大原まり子『タイム・リーパー』)

　(14)は、休憩時間が厳密に管理されていることを語る文脈であった。また、(15)のように、他者に対して厳密な時間管理を指示するために「きっかり」が使用される場合も1件(和書1件、翻訳0件)あった。

(15)　前に私は見てしまったことがある。それはヴィンテージを一覧表にした小さなカードだった。守田はいつもそれを持ち歩いて憶えるようにしているのだ。「三十分。きっかり三十分冷やしてくれ」あの言葉も、どこかの雑誌に書かれていたものに違いない。

(林真理子『最終便に間に合えば』)

　この例では、台詞の主(守田)が「きっかり三十分冷やしてくれ」とワインを冷やす時間を厳密に指定している。守田が雑誌で学んだままの知識を使って、教科書通り、このワインを冷やすのは寸分も狂いも許さず三十分というように指示することの浅はかさが「きっかり」を用いることで語られている場面である。

　(15)の例のように、依頼の文で「きっかり」を用いると、融通が利かない印象を与えるのではないだろうか。本稿の3節で挙げた、「?明日、8時きっかりに映画館の前で会おうか。」という他者への働きかけの文では、8時から少しもずれてはいけない状況でなければ不自然になる。通常の待ち合わせで、1分たりとも時間がずれないように要求するのは行きすぎなので、この文には違和感があるのだと説明できる。

6.　おわりに

　本稿を通して、小学生は、「きっかり」という語になじみがないが、それは「きっかり」が使用される文脈が、書籍、特に文学作品に偏っているこ

とが影響することが示唆された。コーパスの分析を通して、書籍の中では「きっかり」は、和書では特に地の文で用いられることが多いことも分かった。台詞の中で用いられる場合は一人語りの描写場面で用いられる文脈が多く、それ以外の聞き手に働きかける場面では、正確な時間による計画遂行や取引の条件を告げるような差し迫った場面で使われており、「設定した時間以外は考えられない、許さない」というようなニュアンスが生じるようである。

　子どもは、書籍、とくに推理小説を読み始める年齢になってから「きっかり」という語に出会うのかもしれない。これについては、「きっかり」が日常生活のやりとりでどのように使われるのか、話し言葉を分析して明らかにしなければならない。

　日本人にとってなじみ深いと言われるオノマトペであるが、その中にも、子どもの頃にはなじみがなく、大人になる段階で身につけていく、「きっかり」のような語がもっと隠れているのかもしれない。

注

1　今井むつみ・楠見孝・杉村伸一郎・中石ゆうこ・永田良太・西川一二・渡部倫子 (2022)『算数文章題が解けない子どもたち―ことば・思考の力と学力不振』岩波書店

2　本稿のきっかけとなった調査課題の問題 (1) の他の選択肢についても検索してみると、「きっちり」は 2,039 件、「うっかり」は 2,132 件の使用があった。

3　9 件のうち 4 件は渡辺淳一の著作であった。

4　次の用例である。
　七月四日　親愛なるジェラミイ、孤立して夏をすごしているのはあなただけじゃないみたい。昨夜帰ってきたら、ルームメイトがいなくて、服の大半もなくなっていたの。(中略) でも、ありがたいことに、夏のあいだの家賃をきっかり、七月分、八月分と書いた紙と一緒に置いていってくれたわ。(T・E・D・クライン／大瀧啓裕訳『復活の儀式』)

5　次の用例である。
　ぼくはジャネット・リーが浴室でめった刺しにされるセンセーショナルな血みど

ろの一分間を構成する七十カット（数えてみるがいい、きっかり七十カットなのだ）を、指導教官がいかに手際よく腑分けしたかをクレアに報告した。（セオドア・ローザック／田中靖訳『フリッカー、あるいは映画の魔』）

参考文献・参考資料

甲斐睦朗監修(2010)『小学新国語辞典』改訂版．光村教育図書

北原保雄(2000–2002)『日本国語大辞典』第二版．小学館(電子辞書)

金田一京助編(2014)『例解学習国語辞典』第十版．小学館

金田一春彦・金田一秀穂監修(2015)『新レインボー小学国語辞典』改訂版第5版小型版．学研プラス

金田一秀穂監修(2016)『新レインボーはじめて国語辞典』初版．学研プラス

現代日本語研究会編(2011)『合本女性のことば・男性のことば(職場編)』ひつじ書房

田近洵一編(2015)『三省堂 例解小学国語辞典』第六版．三省堂

中俣尚己(2021)『「中納言」を活用したコーパス日本語研究入門』ひつじ書房

湊吉正監修(2017)『チャレンジ小学国語辞典』カラー版．ベネッセコーポレーション

「考えを深めましょう！」
「え、どうやって…？」

森篤嗣

1. はじめに

　筆者は外国人に対する日本語教育の実習と、日本人に対する国語科教育の実習の両方を担当している。学生の認識としては、日本語教育は外国語だから言語の教育で、国語科教育は母語だから思考の教育だという先入観があるようである。筆者は必ずしもそうではないと考える（西口2020）が、こうした先入観は指導案の作成にも大きな影響を及ぼす。

　というのは、国語科教育における教育実習生の学習指導案の文言や、授業での発問がやたらと抽象的なのである。「まとめる」「確認する」「読み取る」「理解する」「深める」などが特徴的である。これらを仮に「何となくそれっぽい指導用語群」と呼ぶことにしよう。学習指導の実際を考えてみると、例えば「この場面の登場人物の心情について考えを深めましょう」と発問したとしても、児童生徒は何か返事をするのか、ノートに書くのかなど具体的にどのように行動すれば良いのかわからない。教師が「考えを深めましょう！」と言ったら、生徒は該当部分について自分で考えて「深めました！」と返事をするというような場面が、教育実習生の頭の中で想定されているのだろうか。実際の授業で、そのような場面はほとんど見た覚えがない。

　これらの抽象的な発問や指示は、教師としては不十分である。実際の指導現場では、「何を（対象）」「どうやって（方法）」を明確にして発問や指示がおこなわれなければならない。しかし、これらの「何となくそれっぽい指導用語群」は、学習指導要領にも頻出するため、学生はつい「何を（対象）」「ど

うやって（方法）」の部分を置き去りにして多用してしまう。

　本稿では、これらの「何となくそれっぽい指導用語群」の中でも、特に「深める」に焦点を当てる。単に「深める」の一般的な日本語としての意味用法を調査するのではなく、小学校国語科教科書における扱われ方を「何を（対象）」「どうやって（方法）」を中心に調査し、「深める」を学習語としてどのように扱うべきか分析をおこなう[1]。

2.　「深める」の位置づけと先行研究

2.1　学習指導要領における「深い学び」

　本項では「何となくそれっぽい指導用語群」の中でも、特に「深める」に焦点を当てる理由を述べる。小学校では 2020 年度から、中学校では 2021 年度から、高等学校では 2022 年度から施行となる新しい学習指導要領（2019 年告示）では、「主体的・対話的で深い学び（アクティブ・ラーニング）」の視点からの授業改善が求められている。「主体的」と「対話的」は具体的にイメージできるが、「深い学び」とは何を指すのだろうか。

　　　深い学びの鍵として「見方・考え方」を働かせることが重要になること。各教科等の「見方・考え方」は、「どのような視点で物事を捉え、どのような考え方で思考していくのか」というその教科等ならではの物事を捉える視点や考え方である。各教科等を学ぶ本質的な意義の中核をなすものであり、教科等の学習と社会をつなぐものであることから、児童生徒が学習や人生において「見方・考え方」を自在に働かせることができるようにすることにこそ、教師の専門性が発揮されることが求められること。
　　　　　　　　　　　　　　　　　　　　　　　　　　　（文部科学省 2017a）

　学習指導要領解説に「深い学び」について上記の記述がある。全教科に共通する解説であるため、「どのような視点で物事を捉え、どのような考え方で思考していくのか」といった非常に抽象的な解説になっている。こうした

学習指導要領の抽象度の高さが、学習指導案や授業での発問の抽象度を高くする要因になっているのではないかと危惧するところである。

　そこで具体的に「どのような視点や考え方」で深い学びをおこなうのか、教師と児童・生徒をつなぐ教科書における記述を分析することによって、その内実の一端を具体的に明らかにしようというのが本稿の趣旨である。

　学習指導要領でのキーワードは「深い学び」であるが、小学校国語科教科書では直接使われにくい表現である。そこで、本稿では文部科学省（2017a）の「深い学びの鍵として「見方・考え方」を働かせることが重要」という記述を手がかりに、「何となくそれっぽい指導用語群」の中でも、特に「（考えを）深める」を重要と考え、調査の対象とすることにした[2]。

2.2　学習語としての「深める」

　2.1 項で「深める」という語が学習指導案の文言や授業での発問に使われると述べた。このように学習場面で用いられる語のことを「学習言語（Academic Language）」と呼ぶ（バトラー後藤 2011）。

　Scarcella（2003: 14）は、学習場面で用いられる語を「一般語（General Words）」「専門語（Technical Words）」「学習語（Academic Words）」の三つに分類した[3]。学習言語とは学習語の集まり（語彙）であり、日常言語でもなく教科専門言語でもない学習に必要な語彙を指す。

表 1　教科学習で使われる語彙

語彙のタイプ	意味	領域	例（英語）	例（日本語）
一般語 （General Words）	特化しない	分野を超えて使用される	already busy	学校 起きる
専門語 （Technical Words）	特化する	分野限定	fulcrum pivot	光合成 電磁波
学習語 （Academic Words）	特化する場合もしない場合もある	分野を超えて使用される	assert research	比較 分析

※ Scarcella（2003: 14）を元にバトラー後藤（2011: 67）が作成したものを引用

　学習言語は日常生活での頻度が低く、いずれか特定の教科で集中的に教わるわけでもない。そのため、外国人児童生徒にはとりわけ習得困難であると

言われている。日本語母語児童生徒であっても、教師の意図とのずれが生じている場合には学習活動を困難にさせる要因になり得る。

1節で挙げた教育実習生による「何となくそれっぽい指導用語群」の乱用は、まさに教師の意図通りに学習言語（国語科に限らない学習場面で用いられる語）が伝わらない事例であると言える。

2.3 「深める」に関する先行研究

「深める」は実質語なので、日本語学の研究として「深める」一語だけについて調べたものは見あたらない。しかし、「深める」の動詞の特質に注目をしてみると、動詞の自他というカテゴリーが当てはまる。日本語は自他動詞が対になっている語もあり、他動詞「深める」に対して自動詞「深まる」がある。そこで本稿では、「深める」だけでなく「深まる」も調査対象として比較をしていくこととする。

庵他（2000: 96）では、自他の対応がある場合、「自動詞はある出来事が自然に起こったように表す一方、他動詞はそれが人間などの意識的な動作によって引き起こされたように表現します」と説明されている。この説明の通り、他動詞「深める」は、自然に起こることではなく、人間の意識的な動作によって引き起こされることであるので、「何を」「どうやって」を明確にしておく必要があると言える。

学校教育に見られる動詞の分析をおこなった先行研究としては、池田・福田（2019）がある。池田・福田（2019）は、2008年告示中学校学習指導要領・2009年告示高等学校学習指導要領と、2019年告示中学校・高等学校学習指導要領の数学科、理科、情報科（情報科は2019年から）の目標内にある動詞を比較している。分析によると、新旧学習指導要領3教科の目標全てに共通して現れる動詞は「もつ」「行う」「探求する」「深める」の4語であったと述べている。

3. 何を「深める」のか

これまで述べてきたように、「深める」は2019年告示学習指導要領で重要

な役割を占めている。また、「深める」は学習語としての側面を持っており、教師が自己流の理解に基づいて学習指導案や授業での発問に使うと、児童生徒と十分な相互理解が得られず、円滑な学習活動に支障を来すであろうことも述べてきた。では、「深める」をどのような方法で調査すれば良いだろうか。

　学習指導は「教師」「児童」「教材（教科書）」から成る。教科書は教師と児童で共有するものである。そこで、本稿では2015年度版小学校国語科検定教科書5社（光村、東京書籍、三省堂、学校図書、教育出版）の6学年分、延べ503,907語を収録した『帰国・外国人児童のためのJSL国語教科書語彙シラバスデータベース（COSMOS）』を対象として、動詞「深める」と「深まる」の調査をおこなった（田中・森・毛利田2021）。

　まず、COSMOSにおける「深める」と「深まる」の出現頻度を学年別に集計した。

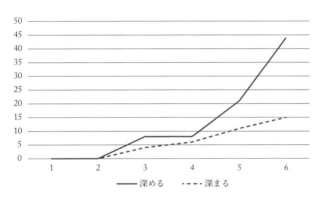

図1　「深める」と「深まる」の学年別出現頻度

　図1は5社の小学校国語科教科書に出現した「深める」と「深まる」の学年別出現頻度である。いずれも学年が上がるにつれて出現頻度が増えている。図1を見る限り、他動詞「深める」が小学校高学年の学習活動において重要な学習語となっていることがわかる。比較対象として調査した自動詞「深まる」もまた緩やかではあるが、やはり増加傾向である。

表2　「何を」深めるのか

学年（出現頻度）	「深める」の目的語
3 年（ 8）	なし（8 件すべて「漢字の読み」）
4 年（ 8）	考え（8）
5 年（21）	考え（17）、関わり（2）、考え方（1）、読み（1）
6 年（44）	考え（34）、交流（3）、提案内容（2）、考えや思い（1）、ものの見方や考え方（1）、ものの見方や感じ方（1）、親善（1）、理解（1）

　表2は、国語科教科書に出現した「深める」の目的語（「何を」）である。小学校3年から出現するが、「深」という漢字は第3学年の学年別配当漢字なので、その読み方として出現しており、本調査の対象外と言える。第4学年以降で最多は「考え」であり、文部科学省(2017a)が「深い学び」の鍵を「見方・考え方」としていることと一致している。「関わり」「交流」「親善」など、関係性の向上が対象となっていることも見て取れた。

表3　「何が」深まるのか

学年（出現頻度）	「深まる」の主語
3 年（ 4）	なし（4 件すべて「漢字の読み」）
4 年（ 6）	読み（3）、考え（1）、読み方（1）、秋（1）
5 年（11）	考え（7）、読み（1）、関係（1）、話し合い（1）、秋（1）
6 年（15）	考え（8）、読み（1）、思い（1）、考えや思い（1）、討論（1）、点（1）、理解（1）、寒さ（1）

　表3は、国語科教科書に出現した「深まる」の主語（「何が」）である。小学校3年から出現するが、「深める」と同じく4件とも「漢字の読み」であった。第4学年以降で最多は「深める」と同じく「考え」だった。「深める」とは異なり、「秋が深まる(2)」「寒さが深まる(1)」と、実質的な動詞としての用法もあった。「関係」「話し合い」「討論」など、関係性の向上が対象となっている点も「深める」と共通していた。

　以上の結果から、「深める」も「深まる」も「考え」との共起が最も多く、他には「読み」や「理解」、さらには「関わり」「関係」「交流」といった関係性の向上が対象となっていることがわかった。

4. どうやって「深める」のか

　次に何を「深める」のかではなく、どうやって「深める」のかを調査するために、「深める」に係る連用修飾節(テ節やト節など)を調べた。

　漢字の読みを除いた場合、「深める」は73件、「深まる」は32件が総数となる。このうち、明示的に連用修飾節が確認できたのは、「深める」が47／73件(64.38%)、「深まる」が19／32件(59.38%)であった。

(1)　　話し合いを通して　、考えが深まったり広がったりしたと感じたことはなんですか」

　　　　　　　　　(光村4年「ごんぎつね　ふりかえろう」)→「意見の交換」

(2)　　書いたものをたがいに読み合って　自分の考えを深めましょう。

　　　　　　　　　　(東京書籍5年「テレビとの付き合い方　てびき」)

　　　　　　　　　　　　　　　　　　　　　　　→「互いに読み合う」

(3)　　さまざまな立場からの意見を聞くことによって　論題についての自分の考えを深めることができます。

　　(教育出版6年「未来の自動車―パネルディスカッションをしよう―」)

　　　　　　　　　　　　　　　　　　　　　　　→「意見の交換」

　第4学年から第6学年まで1例ずつ挙げたのが、(1)から(3)である。(1)は「深まる」、(2)と(3)は「深める」の例である。下線が「何を／何が」、四角囲みが「どうやって」に当たる。(1)と(3)の連用修飾節は「意見の交換」、(2)の連用修飾節は「互いに読み合う」に分類した。

　(1)から(3)と同様の手順で、明示的に連用修飾節が確認できた「深める」47件、「深まる」19件を分類したのが図2と図3である。

　図2を見ると、「深める」ために、小学校国語科教科書では一人で学ぶのではなく、「意見の交換」「互いに読み合うこと」といった交流活動を促していることがわかる。この点は、母語児童・外国人児童問わず、学習指導に当たってはおさえておきたい。

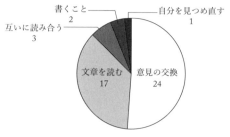

図2 「どうやって」深めるのか

　また、「文章を読む」や「書くこと」のように、自分一人で教科書や課題に向き合うことで、「深める」ことも少なくないことがわかる。

図3 「どうやって」深まるのか

　次に図3を見てみると、「意見の交換」が最多を占める点、「文章を読む」「書くこと」という自分一人で教科書や課題に向き合うという点は、「深める」とほぼ同様の傾向であることがわる。

　本節の調査結果をまとめると、高学年に求められる「(考えを)深める」ためには、「意見の交換」で考えを深めること、「文章を読むこと」で考えを深めること、「書くこと」で考えを深めることの三つに留意する必要がある。日本語母語児童生徒の学習で言えば、交流(「意見の交換」)と内省(「文章を読むこと」「書くこと」)に大別できる。

　これを外国人児童生徒の場合にも当てはめて考えてみると、「意見の交換」については「母語児童と教室で学び合うことの大切さ」を示唆しており、取り出し学習だけでは、「深める」ために学年相当の学習活動とは言いがたい

と言える。次に「文章を読むこと」については、漢字を含めた読解の困難さに対して「どのようなスキャフォールディングが必要か」を教師や日本語指導担当者が考える必要があるだろう。最後に「書くこと」については、「知識整理のプロセス化」をサポートするための支援が必要であると言える。

　実はここで外国人児童生徒向けに書いた対応は、必ずしも外国人児童生徒だけに限るものではなく、日本語母語児童生徒が学年相当の学習活動に円滑に参加できるようにするための手立てとしても有効であることに気付いて欲しい。外国人児童生徒の受け入れは、日本語母語児童生徒に対する学習指導をよりきめ細かく考える契機にもなるのである。

5.　まとめ

　先にも述べたように、学習指導は「教師」「児童」「教材(教科書)」から成る。教科書は教師と児童で共有するものである。したがって、教科書に記載されている「(考えを)深める」という語について、教師がよく理解していることはもちろんのことである。それだけでなく、この「深める」という語は、日常言語とは異なった文脈で使われる日本の学校文化独特の学習言語であるとも言えるため、教師と児童の理解が一致しているかということも効果的な学習指導のためには重要なことであるだろう。

　そして、今回取り上げた「深める」はあくまで一例ではあるが、日本の学校文化独特の学習言語は教科書にも教師の発問などの指導言語にも多数存在する。日本の学校文化独特の学習言語は、日本語母語児童生徒への学習指導だけではなく、外国人児童生徒の学習における障壁の一つになっている可能性が高い。

　本稿は教師と児童を媒介する教科書での語の使われ方を調査することで、日本語母語児童生徒への学習指導を円滑にするための教師の指導言語への示唆を与えると共に、外国人児童生徒に対する年少者日本語教育において、担任教師だけではなく、いわゆる日本語指導担当者を含めた関係者が共通理解を深めていく方向性を模索したケーススタディでもある。

成人に対する日本語教育と、子どもに対する日本語教育の大きな違いの一つは、日本語での教科指導の必要性の有無である。年少者日本語教育では、日本語能力の向上だけではなく、日本における学校の授業に適応していけるような指導が求められることが多い。しかし、日本語指導形態が取り出し授業である場合、日本語指導担当は教室という場から切り離されている。教科指導を円滑に進めるためには、担任教師・児童・日本語指導担当の三者をつなぐものの一つが教科書であり、教科書で使われている語、とりわけ日本の学校文化独特な学習言語に対して共通理解を図ることが重要である。

　また、学習言語の理解不足は「学年相当の学習活動への参加が難しい」状況にさせる。かつてリーマンショック時に文部科学省は「定住外国人子ども緊急支援プラン」で下学年への受け入れを認める通知をしたことがある。しかし、二井（2015: 11）が述べるように、日本の義務教育制度においては年齢主義が浸透しており、下学年編入や原級留置といった措置は、日本人児童生徒に対してはほとんどおこなわれていない。日本人児童生徒にはほとんどおこなわないのであるから、外国人児童生徒だから下学年編入や原級留置を認めて良いというのは、文部科学省のダブルスタンダードであると二井（2015: 12）も指摘している。学習言語と学年相当の学習活動への参加の問題は、外国人児童生徒だけの問題ではない。外国人児童生徒の受け入れというイベントを通して、日本の学校教育は「学年相当の学習活動ができる力とは何か」という学びの本質を改めて迫られているのである。

付記

　本稿は、子どもの日本語教育研究会第6回大会におけるワークショップ「「COSMOS—帰国・外国人児童のためのJSL国語教科書語彙シラバスデータベース—」の活用」の発表内容および、田中・森・毛利田（2021）の森担当部分に大幅な加筆・修正をしたものである。共同発表者の田中祐輔氏、毛利田奈津子氏ならびに発表の機会を与えてくださった研究会関係者各位に深く感謝申し上げたい。

注

1 「何となくそれっぽい指導用語群」のうち、動詞「まとめる」については田中・森・
毛利田（2021）の毛利田氏担当部分で詳細な分析がなされているので、そちらも参
照して欲しい。

2 ちなみに学習指導要領本文を見てみると、小学校学習指導要領（文部科学省
2017b）では「深める」は1回しか出てこない。中学校学習指導要領（文部科学省
2017c）では、「具体と抽象など情報と情報との関係について理解を深めること」な
ど7回出現する。

3 Cummins（1979）が二言語使用場面における子どもの言語操作を、BICS（Basic
Interpersonal Communicative Skills：伝達的言語能力）とCALP（Cognitive Academic
Language Proficiency：認知・学習言語能力）に分けたことはよく知られており、学
習言語の考え方と重なる部分も多い。Scarcella（2003）の三分類は、Cummins のよ
うな二分法の狭間に落ち込んだ語に注目することを促したものであると言える。
さらに詳しくは、バトラー後藤（2011）を参照のこと。

参考文献

庵功雄・高梨信乃・中西久実子・山田敏弘（2000）『初級を教える人のための日本語文
　　法ハンドブック』スリーエーネットワーク

池田浩輔・福田博人（2019）「動詞を観点とした中等教育段階における学習指導要領「目
　　標」の分析研究―数学・理科・情報に着目して」『日本科学教育学会研究会研究
　　報告』34(3)：pp.85–88. 日本科学教育学会

田中祐輔（2019）『帰国・外国人児童のための JSL 国語教科書語彙シラバスデータベー
　　ス（COSMOS）』公益財団法人博報児童教育振興会第13回児童教育実践につい
　　ての研究助成（https://cosmos.education/）

田中祐輔・森篤嗣・毛利田奈津子（2021）「「COSMOS：帰国・外国人児童のための
　　JSL 国語教科書語彙シラバスデータベース」の活用」『子どもの日本語教育研究』
　　4：pp.32–42. 子どもの日本語教育研究会

二井紀美子（2015）「日本の公立学校における外国人児童生徒教育の理想と実態―修学・
　　卒業認定基準を中心に」『比較教育学研究』51：pp.3–14. 日本比較教育学会

西口光一（編）（2020）『思考と言語の実践活動へ―日本語教育における表現活動の意義
　　と可能性』ココ出版

バトラー後藤裕子（2011）『学習言語とは何か 教科学習に必要な言語能力』三省堂

文部科学省（2017a）『小学校学習指導要領（平成29年度告示）解説 総則編』文部科学省

文部科学省（2017b）『小学校学習指導要領（平成29年度告示）』文部科学省

文部科学省（2017c）『中学校学習指導要領（平成29年度告示）』文部科学省

Cummins, Jim.（1979）Cognitive/academic language proficiency, linguistic interdependence, the optimum age question and some other matters. *Working Papers on Bilingualism.* 19: pp.121–129.

Scarcella, Robin. (2003) *Academic English: A conceptual Framework.* The University of California Linguistic Minority Research Institute Technical Report 2003–1. Santa Barbara, California: University of California Linguistic Minority Research Institute.

まさにジャスト

茂木俊伸

1. はじめに

　現代日本語の外来語「ジャスト」は、次のように、意味的にも構文的にも異なる複数の用法を持つ[1]。

(1)　今日、十二時ジャスト発のニューヨーク行の JAL で、正彦さんは、アメリカに戻って行った。

（西村京太郎『十津川警部の挑戦』, OB3X_00151）

(2)　立「昔なら、キャリアスタイルのお手本はメグ・ライアンだったけど、そうした等身大の働く女性スタイルとして、リースやケイトは今の Oggi 世代にまさにジャスト」

（『Oggi』2004 年 1 月号, PM41_00251）

　(1)の「ジャスト」は時刻のような数値の"切りのよさ"（端数がないこと）を表しており、外来語辞典でも次の(3)のような説明がなされている。

(3)　**ジャスト【just】**時間や金額などが切りのいい数値であること。ちょうど。きっかり。　　　　　　　　　（三省堂編修所 2021: 308）

　一方、(2)の「ジャスト」は数値とは関係なく、(3)の説明では捉えられないように見える。この「ジャスト」はどのような内容を表しているのだろうか。

北澤（2012）は、『現代日本語書き言葉均衡コーパス』（BCCWJ）に現れる外来語の副詞の例として「ジャスト」を挙げ、(1) で言えば「十二時ジャスト／ジャスト十二時」のように、この語が「名詞に上接も下接もする」（同: 5）という特徴を指摘している（同様の指摘は、北原・吉見（1996）、桐生（2006）にも見られる）。

　一方、(2) の用法について、北澤（2012: 5）は「「ジャストだ」「ジャストな」のような形容動詞としても使用される」としているが、この用法の「ジャスト」の詳細については明らかにされていない。

　本稿では、北澤（2012）と同じく BCCWJ を主なデータとして使用し、その議論を引き継ぎながら、外来語「ジャスト」がどのような意味・文法的性質の広がりを持っているのかについて、詳細に記述する。

　以下、第 2 節で調査データと結果の概略を示した後、「ジャスト」の数値に隣接する用法（第 3 節）、形容動詞用法（第 4 節）、名詞的用法（第 5 節）について順に検討する。最後に、この語の用法の広がりと中心的意味についてまとめる（第 6 節）。

2.　データ

　本稿で「ジャスト」の実例調査に利用したコーパスは、『現代日本語書き言葉均衡コーパス』（BCCWJ）である。検索システム『中納言』（バージョン 2.4.5、データバージョン 2020.02）を使用して、「語彙素」として「ジャスト」を指定し、短単位検索を行った。

　検索結果を整理した結果、英語のフレーズの一部や固有名詞を除いた 139 例が得られた。これを大別すると、次のようになる。

　まず、次の (4) のような複合語の語構成要素としての「ジャスト」である（88 例）。これは「ジャストフィット」「ジャストミート」「ジャストサイズ」「ジャストインタイム（方式）」のような複合語の一部になっているもので、以下の議論では触れない。

(4)　体にジャストフィットするコンパクトなTシャツは、ミニのデニスカを合わせて健康的なセクシーさをアピール！

　　　　　　　　　　（『non・no』2005 年 5 月 20 日号，PM51_00381）

　残りの 51 例が、本稿で分析対象とする語としての「ジャスト」である。先の(1)や次の(5)のように数値の前後に現れるケース(33 例)と、先の(2)や次の(6)のようなそれ以外の環境に現れるケース(18 例)がある。

(5)　今日二十三日は東京タワーの誕生日－ジャスト五十歳！

　　　　　　　　　　　　　（Yahoo! ブログ，OY14_36334）
(6)　スクエアについたフリルがガーリッシュ。ジャストなサイズです

　　　　　　　　　　（『Zipper』2002 年 5 月号，PM21_00886）

　なお、「ジャスト」の文体的特徴として、飛田・浅田 (1994: 290) は (1) の用法の「ジャスト」が「若い人中心に用いられるくだけた表現」とする。

　BCCWJ において (1) の用法の「ジャスト」が現れる資料は、ウェブページ (Yahoo! ブログ・Yahoo! 知恵袋) が 20 例、書籍が 12 例、雑誌が 1 例、それ以外の「ジャスト」はウェブページ 8 例、雑誌 7 例、書籍 3 例であった。顕著な偏りではないが、全体的にはウェブページや雑誌といったやや話し言葉寄りの文体の媒体に現れやすく、2 つのケースを比べると定型的な前者の方が小説などに現れやすいと言える。

　以下では、BCCWJ の例を中心に、必要に応じて作例やウェブ版の雑誌記事等の例に基づきながら、「ジャスト」の各用法について詳しく見ていく。

3.　数値に隣接する「ジャスト」

　先行研究が指摘するように、「ジャスト」は数量表現の前後に現れる (以下、便宜的に「数値」「前接」「後接」のように表現する)。

　北澤 (2012) は、次の (7) のように数値に前接する「ジャスト」を副詞、(8)

のように後接する「ジャスト」を接尾辞としている。

(7) その時間の間に来れば良いと言うから、十五分過ぎに顔を出した。そうしたら、ジャスト二時から○○の挨拶やビデオ・体験等の流れになっていたようである。　　　　　　　　（Yahoo! ブログ，OY03_09192）

(8) 午後二時ジャストだった。ピカール分隊長が、腕時計に目をやりながら、すっくと立ちあがった。

　　　　　　　　（福島正実『フェニックス作戦発令』，LBan_00029）

　森山(2001)は、概数表現のうち「およそ」「約」「ざっと」のような数値のみを修飾する語群を連体詞、「ほぼ」「大体」のような連用修飾も可能な語群を副詞としている（工藤(1977)も参照）。「ジャスト」に関して見てみると、「そのとき子どもが｛ちょうど／＊ジャスト｝帰宅してきた」のように連用修飾構造が作りにくく、(5)(7)のような BCCWJ の例もすべて数値への前接例である。ただし、次のように「同じ(だ)」を修飾する例が見られることから、ここでも数値に前接する「ジャスト」を副詞と考えておく。

(9) 最近の研究では、空間の電荷密度分布によっては、高さがジャスト同じぐらいであれば、どっちに引かれるかわからないというところもございますので(以下略)

　　　　（原子力発電所の新規制基準適合性に係る審査会合(第 375 回)議事録）

　　　　　　　　https://www.nsr.go.jp/data/000160533.pdf

　一方、(1)や(8)のような数値への後接例については、格成分(特に次の(10)のような時のニ格)として名詞の一部になることから、「- 以上」「- あまり」「- 弱」「- 足らず」のような概数を表す表現(cf. 丹羽 2001)に類する接尾辞と考えてよいように思われる。

(10) それで私はこれがよかろうと考え、電話のまえで待っていて、午後四

時ジャストに電話をかけた。

（中島梓『マンガ青春記』，LBd9_00141）

　さて、BCCWJ では、この用法の 33 例のうち、副詞の（数値への前接）例
が 8 例、接尾辞の（数値への後接）例が 25 例であった。いずれも、「ジャスト
1 万」のように数値単独の形か、「ジャスト 1 万円」のように数値に単位（助
数詞）を伴う形の例である。

3.1　数値部分の特徴

　北原・吉見（1996: 65）は、「ジャスト」が「時間・時刻に限らず広く数値・
数量が切りのよいこと」を表すとする。そこで、BCCWJ において「ジャス
ト」に隣接する数値が表す内容をまとめると、次のようになる（カッコ内は
用例数）。

(11)　a.　前接例（ジャスト＋数値）：
　　　　　時刻（3）、金額、時間、年齢、点数、回数（各 1）
　　　b.　後接例（数値＋ジャスト）：
　　　　　時刻（14）、金額（4）、時間（2）、重量、緯度、距離、個数、液量（各 1）

　「時刻」はここまで見てきた（1）（7）（8）（10）のような例である。以下、順
に「金額」「時間」「重量」「緯度」の例を挙げる。

(12)　店頭表示価格　百六十九万を交渉の末、諸費用込み百七十万ジャスト
　　　（税別）にして貰いました。　　　　　　　　（Yahoo! 知恵袋，OC06_06752）
(13)　荒川マラソンのところがスタート会場でスポーツショップのブースが
　　　たくさん出ていて賑わっていた。順調に走ってジャスト 2 時間で 8 時
　　　半に到着　　　　　　　　　　　　　　　　（Yahoo! ブログ，OY15_10545）
(14)　本日発送分がお家で量ったときは百 g ジャストでしたので四百十円
　　　（配達記録）で出そうと思ったら三百五十円でした。

（Yahoo! 知恵袋，OC14_07244）

(15) 　ダイナミックな北山崎を中心に、<u>北緯四十度ジャスト</u>の無人灯台のある黒崎から南の弁天崎まで、高さ二百メートルの断崖が八キロにわたってつづく（口絵 3 参照）。

（三國隆三『海道をゆく』，PB22_00129）

　ここから、「ジャスト」は幅広い数値の "切りのよさ" を表すが、辞典類に示されているように、典型的には時刻や金額に伴われる語であると言える。

　この用法の「ジャスト」について、飛田・浅田（1994: 290）は「具体的な時刻や数値以外には用いられない」とする。この「具体的な時刻や数値」を「数値（＋単位）」を指すものと捉えるならば、BCCWJ において反例は得られなかった。しかし、内省で判断すると、次のように、例えば具体的な数値を言い換えた「約束の時間」や「支払い金額」のような名詞にも「ジャスト」は前後接しうるように思われる[2]。

(16) 　友人は {3 時／約束の時間} ジャストに駅に現れた。

(17) 　財布には {5 千円／支払い金額} ジャストしか入っていなかった。

　また、次のように、相対的数量を表す「半分」、基準となる位置を表す「膝上」「生えぎわ」といった語への前後接例がウェブ上に見られる。

(18) 　コンビニでカラーコピーをしたいのですが、今手元にある原本 A4 サイズを A5 サイズに（要するに<u>ジャスト半分</u>のサイズに）縮小したいのですが、これって可能でしょうか？　　　　　（Yahoo! 知恵袋）
　　　https://detail.chiebukuro.yahoo.co.jp/qa/question_detail/q10136687005

(19) 　上の 2 枚の写真を見てもわかるように、やっぱり彼のショートパンツの丈は、<u>ジャスト膝上</u>でブレはなし。　　　（Safari Online，2021/7/7）
　　　https://safarilounge.jp/online/celeb/detail.php?id=8000

(20)　前髪の<u>生えぎわジャスト</u>くらいの位置で、前髪が両サイドからチラ見
えするようにしてスカーフを結ぶ。結び目は真ん中が今どき印象。

　　　　　　　　（LEE，2020/10/29）https://lee.hpplus.jp/column/1777141/

　これらのことから、この用法の「ジャスト」が表す"切りのよさ"とは、
"過不足(はみ出ている部分)のなさ"、さらに広義には"基準からのずれのな
さ"と言うことができ、数値を典型としつつも、何らかの基準や指標となる
名詞類にも前後接しうると考えられる。

3.2　〈無端数表示〉表現の体系と「ジャスト」

　数値に前後接するという「ジャスト」の特徴は、実は、その類義語である
「ちょうど」「ぴったり」「きっかり」等にも同様に当てはまる。工藤(1977:
981–982)は、「ちょうど百メートル」「ぴったり千人」といった〈無端数表示〉
用法を持つ数量限定の副詞が、「百メートルちょうど」「千人ぴったり」のよ
うに「数詞に後置され、副助詞相当の用法に立つ」ことを指摘している。
　「ジャスト」の表す内容も〈無端数表示〉であり、かつ数値の前後に分布
する。次の表1に示すように、これらの語が意味的特徴、文法的特徴を共有
していることは、偶然ではないと考えられる。

表1　〈無端数表示〉表現の体系

語種	副詞（前接）	名詞	接尾辞（後接）
和語	ぴったり／きっかり／かっきり	数値 (基準)	ぴったり／きっかり／かっきり
漢語	ちょうど		ちょうど
外来語	**ジャスト**		**ジャスト**

　詳しい検討は割愛するが、しばしば現代日本語では、意味を共有する語群
が、語種を超えて文法的特徴を共有する現象が見られる(茂木2012)。〈無端
数表示〉を担う和語「ぴったり／きっかり／かっきり」、漢語「ちょうど」
が数値の前後に分布可能であったところに、新たに〈無端数表示〉表現と
なった後発の外来語「ジャスト」もその型に組み込まれることで、このよう

な分布の性質を獲得した可能性がある[3]。

4.　形容動詞の「ジャスト」

　北澤 (2012) は、次の (21) ～ (23) のような「ジャスト {だ／な／に}」の例を形容動詞の用法としている。次にこのような用法を見ていく。

(21)　身幅も丈もジャストだから、タックインしてももたつかない！
　　　　　　　　　　　　　　　　　　（『MORE』2003 年 8 月号，PM31_00329）

(22)　お裁縫箱(木製の大きめで可愛いやつ)は嫁入り道具で用意し忘れていたので有難かったです。友達は趣味をわかってくれているのでジャストな商品を贈ってくれますね。　　　（Yahoo! 知恵袋，OC11_00787）

(23)　外ポケットのデザインやヌメ革の大きめなハンドルなど、程よくカジュアルで今の気分をジャストに表現。
　　　　　　　　　　　　　　　　　　（『Domani』2005 年 8 月号，PM51_00219）

　加えて、先の (2) の「ジャスト」で言い切る形もこれに含めてよいと考える。この文末の「ジャスト∅」の形は、特に雑誌やカタログで好まれるようである。類例として、ウェブ版雑誌の例も挙げる。

(2)　立「昔なら、キャリアスタイルのお手本はメグ・ライアンだったけど、そうした等身大の働く女性スタイルとして、リースやケイトは今の Oggi 世代にまさにジャスト」　　　　　　　　　　【再掲】

(24)　週に 3 回着ても飽きない＆おしゃれ。ブラウンのジャケットなら通勤にも土日にもジャスト！　　　　　（Daily MORE，2020/9/30）
　　　　　　　　　　　　https://more.hpplus.jp/fashion/news/60895

(25)　手みやげにジャスト！　『エキュート東京』限定のおめでたスイーツ♡　　　　　　　　　　　　　（Daily MORE，2016/12/29）
　　　　　　　　　　　https://more.hpplus.jp/odekake/gourmet/18026/1/

この形容動詞用法の「ジャスト」は、BCCWJ では 10 例見られた。(21)
のように "サイズの一致" を表す例は、先の副詞用法のような "切りのよさ"
に近く感じられるが、(22)以降の例はより主観的な "一致" を表している。

　すなわち、この用法の「ジャスト」は、体形(21)のような物理的な基準だ
けでなく、ロールモデルのような人物像(2)、自分の趣味や価値観(22)、今
の気分(23)、場面(24・25)といった不可視的な基準も含め、何らかの基準
からの "ずれのなさ" を表している。特に後者は、その基準との合致度に基
づく描写対象の "ふさわしさ" を表す傾向にあると言える。

　このような「ジャスト」の評価性は、(2)の「まさに」のような評価性を
持つ副詞 (cf. 安部 2009) との共起例によっても裏付けられる。また、同様の
評価性は「ぴったり」の「理想や目標・目的に完全に適合する」ことを表す
用法 (飛田・浅田 2002: 454) にも見られるものであり、やはり語種横断的な
意味的特徴として指摘できる。

5.　名詞的「ジャスト」

　今回の調査では、ここまでの例とは異なる品詞的特徴を持ち、名詞と考え
うる「ジャスト」も 8 例観察された。これには、次の 2 類がある。

　第一に「ジャストの」の形で、形容動詞用法の「ジャスト」と同様、被修
飾名詞と基準との一致度を表すものである (2 例)。これは、いわゆる「第三
形容詞」(村木 2012) と考えてもよいと思われる。

(26)　今月の卵子は先月の卵子と違う。だから卵子は別の男を求めているか
　　　もしれない。もっと今月の卵子にジャストの男がいて、それは先月の
　　　男とはきっと違うのだ。

　　　　　　　　　　　　　　(『COSMOPOLITAN 日本版』2002 年 3 月号, PM21_00208)

　すなわち、連体修飾する「ジャスト」は形態的なゆれを持っており、「- な」
「- の」の 2 つの形を取る可能性があるということである。

第二に、格成分や述語として数値の切りのよさを表す「ジャスト」である（6例）。次の例は、"ちょうどの時間"を「ジャスト」単独で表現している。これらはやや座りの悪さが感じられるかもしれないが、文脈に基づいてそれぞれ「八時ジャスト」「定時ジャスト」のような数値や名詞部分を補う形で解釈される。

(27)　京王プラザのフロント前には八時五分前に着いた。柳沢はジャストに現れて、にこにこしながら片手をあげ、親指をフロントに向けて曲げて見せた。　　　（柴田よしき『猫は聖夜に推理する』, LBq9_00014）

(28)　今日は仕事　ソコソコ忙しかったけどなんなりとこなしたよ〜　閉店もジャストだしｗ　らくらくな一日だったかな〜

（Yahoo! ブログ，OY11_04822）

　さらに、ウェブ版の雑誌記事には、体形との一致を表す「ジャストサイズ」のような複合語の省略形と解釈できる次のような例も見られる。

(29)　冬のインナーはぴったりで着た方が温かいので、なるべくジャストを選ぶようにしています。　　　　　　　　　（LEE，2020/12/8）

https://lee.hpplus.jp/100nintai/1823178/

(30)　プリーツスカートはジャストよりちょい大きめだと、ブラウスをインしても腰回りがもたついて見えないと判明！　余裕があるサイズ感がポイントに。　　　　　　　　　　　（STORYweb，2021/3/10）

https://storyweb.jp/fashion/151346/

　(27)〜(30)のような用法は、「（時間）ちょうどに現れる」「ぴったり（サイズ）よりちょい大きめ」のように、「ジャスト」だけでなく類義語でも同様に観察される。ただし、何らかの省略形であること（＝欠落感）を感じさせることから、いずれも自立的な名詞として安定しているとは言い切れない。

6. まとめ

　ここまでの観察から、外来語「ジャスト」には次の3用法があることが明らかになった。

(31)　**副詞／接尾辞としての「ジャスト」**：
　　　数値や基準を表す名詞の前後で、その "切りのよさ"、"過不足のなさ" を表す用法。「ちょうど」「ぴったり」「きっかり」などで言い換えられる。

(32)　**形容動詞としての「ジャスト」**：
　　　"ある物や事柄が何らかの基準からずれていない、一致する" ことを表す用法。"ふさわしい" という評価を伴うこともある。「ぴったり」で言い換えられる。

(33)　**名詞としての「ジャスト」**：
　　a.　"切りのよさ" を表す(31)の省略形と考えられる用法。
　　b.　"基準との一致" を表す(32)の形態的バリエーション（連体修飾で「～の」の形を取る）もしくは複合名詞の一部として解釈できる用法。

　これらすべての「ジャスト」に共通する中心的な意味を一言で表すならば、"基準からのずれやぶれがないこと（合致性）" であると言える[4]。

　「ジャスト」は類義の和語や漢語が既にある中で日本語に入り、定着した語である。このような外来語が具体的にどのように使われているのか、その "生態" を意味・文法の両面から明らかにしようとする研究は近年までほとんど行われてこなかった（茂木 2016）。

　本稿で見たように、「ジャスト」は類義語である和語「ぴったり」「きっかり」や漢語「ちょうど」などの意味領域を広くカバーしており、さらにそれらの語と文法的性質も共有している。一方で、これらの語の使い分けのあり方、言い換えればこれらの語のうち「ジャスト」にしか表せない内容は何な

のか、さらにその定着の理由については、検討できなかった。今後の課題と
したい。

付記

本研究は JSPS 科研費 JP18K00618 の助成を受けたものである。

注

1　以下、実例の出典として、『現代日本語書き言葉均衡コーパス』(BCCWJ)からの
　　例には書名等とサンプル ID を添える。また、インターネット(ウェブ版の雑誌記
　　事等)からの例にはウェブサイト名等の概略と 2021 年 9 月 16 日現在の URL を示
　　す。例文中の下線は筆者が加えたものである。

2　一方で、確かに「約 2 時間」「2、3 人」「いくつか」「ほとんど」といった概数的
　　な表現に「ジャスト」は前後接しない。ただし、「俺は一万円ジャストくらいだ
　　が」(カズマ『実録鬼嫁日記』、LBt3_00009)あるいは (9) のように「ジャスト〜く
　　らい」の形は実例が見られる。これは「ジャスト」が概数的な「〜くらい」に前
　　接しているのではなく、「ジャスト〜」を「くらい」で目安として示しているも
　　のと考えられる。

3　ただし、〈無端数表示〉表現には「ぽっきり／こっきり」のように後接のみか後接
　　例に偏るタイプがあり、外来語では「フラット」(例：10 秒フラット)がこれに相
　　当する(cf. 北原・吉見 1996)。この点も含めた〈無端数表示〉の体系の精密化は今
　　後の課題となる。

4　これは、原語の副詞 "just" の本来の意味と対応する(中野 2013)。なお、「だけ」「単
　　なる」等に訳される "just" のとりたて用法に相当する「ジャスト」は語としては
　　現れず、「ジャストアイデア」(井上 2013)のような複合語の例に限定される。

参考文献

安部朋世 (2009)「副詞マサニの分析」『千葉大学教育学部研究紀要』57: pp.297–301. 千
　　葉大学教育学部

井上逸兵 (2013)『バカに見えるビジネス語』青春出版社

北澤尚 (2012)「現代日本語における外来語の品詞性について」『学芸国語国文学』44:
　　pp.1–13. 東京学芸大学国語国文学会

北原保雄・吉見孝夫編 (1996)『カタカナ語使い分け辞典』東京堂出版

桐生りか (2006)『カタカナ語・外来語事典』汐文社

工藤浩(1977)「限定副詞の機能」松村明教授還暦記念会編『国語学と国語史―松村明教授還暦記念』pp.969–986.明治書院

三省堂編修所編(2021)『見やすいカタカナ新語辞典』第4版. 三省堂

中野弘三(2013)「Just の多義性の由来を探る」中野弘三・田中智之編『言語変化―動機とメカニズム』pp.271–286.開拓社

丹羽哲也(2001)「「取り立て」の範囲」『國文學 解釈と教材の研究』46(2): pp.36–43.学燈社

飛田良文・浅田秀子(1994)『現代副詞用法辞典』東京堂出版

飛田良文・浅田秀子(2002)『現代擬音語擬態語用法辞典』東京堂出版

村木新次郎(2012)『日本語の品詞体系とその周辺』ひつじ書房

茂木俊伸(2012)「文法的視点からみた外来語―外来語の品詞性とコロケーション」陣内正敬・田中牧郎・相澤正夫編『外来語研究の新展開』pp.46–61.おうふう

茂木俊伸(2016)「外来語は文の中でどのように使われるのか」『日本語学』35(7): pp.24–32.明治書院

森山卓郎(2001)「近似値表示の連体詞と副詞―概数規定類と概略副詞類」『国語学研究』40: pp.114–104.東北大学大学院文学研究科「国語学研究」刊行会

選手たちのたゆま（　　　　）努力

金澤裕之

1.　はじめに

　これまで「日本語」を大きなテーマとして、日本語史や現代文法、日本語教育などのさまざまな分野で研究を続けてきた。そうした折、自分にとって一つの"武器"としてよく使用してきたのが、次に挙げるような部分的空欄補充のアンケートである。

　　★次の文の（　　　　）の中に、適当なことば（1〜4文字位）を入れて、
　　　自然な文にして下さい。
　　　　　　　①　朝からこんなにたくさんは食べ（　　　　）ないよ。

　例に示したこの①は、私がよく使うダミーの問題で、言うまでもなく、多くのインフォーマントの方は「れ（る）／られ（る）」の選択で少し迷う、いわゆる「ラ抜き」に関わる問題である。このような問題をダミーとして使う理由は、それ以下の問題もこれと似たような「ことばの"ゆれ"」に関する問題であることを何となく意識してもらうことと、あわよくば、一般的にもよく知られていると言える「ラ抜き」の方に意識を向けてもらうことにより、それ以外の問題については意図や背景をあまり意識させないで、そのインフォーマントにとってできるだけ自然なことば（表現型）を記入してもらおう、という狙いからである。

　ただし言うまでもなく、あくまでも文脈だけを示した空欄補充の問題なの

で、もとより一つの「正解」に当たるものは存在せず[1]、この問題で言えば、数十人に一人くらいの割合で、「（食べ）きれ」とか「（食べ）たく」を記入する人が出くるのは当然のことである。この問題の場合はダミーであるため、ここでは特にこれ以上追究することはしないが、今回この小稿で考えてみたいのは、この①の問いで言えば、「きれ」とか「たく」という回答についてなのである。

私は以前に書いた論文の「おわりに」の中で、次のような感懐を述べたことがある[2]。

　　近年、さまざまな場面においてよく利用されるアンケート調査には、意識調査と実態調査という、大きく分けて二つの種類がある。言語研究の分野でも、その研究目的に沿って、このどちらかが使われることが多い。言語使用における実態や無意識の意識を探る上で、多量なデータを必要とする場合によく利用されるのが、一定の文脈中に空欄を作り、その部分に被調査者の選択を自由に記入してもらうという、空欄補充の項目である。各種試験における記述問題と同様に、空欄補充の項目には調査者や出題者の意図とは異なる「意外な」回答が記されることが少なくない。それらのほとんどは無用（或いは、的外れ）なものとして無視されることが多いが、時には調査者（出題者）自身も意識していなかった、設問自体の持つ微妙な特色がそれらの回答によって逆に炙り出されることもあり得るのである。

次節以下では、こうした感懐を抱く元となった一つのアンケート結果について改めて紹介するとともに、ごく最近、同様の流れで、調査者である私自身が驚き入った一つの「"突き抜けた"回答」を皆さまにご披露しながら、その背景といったところについて少しく考えてみたいと思う。

2. 接続詞の選択について

　時間的に少し古いものではあるが、『日本語学』第2巻12号（1983）に掲載された、宮地裕先生による「二文の順接・逆接」の中に次のような文章がある。まずそれを引用してみよう[3]。

　小学校五年生の国語のある教科書に、こういう教材の文章がある。

　　文のつなぎ方
　1　文をつなぐ言葉
苦しいレースを走りぬいて、三位に入ったとき、その人が、「ああ、よかった。うれしい。」と思うか、それとも、「ああ、残念。くやしいなあ。」と思うか、それは、そのときのその人の感じ方によることで、どちらの場合もあります。
・わたしは、がんばって走りぬいた。三位になった。
ということを、ある人は、
・わたしは、がんばって走りぬいた。 それで 、三位になった。
と言うかもしれません。また、ある人は、
・わたしは、がんばって走りぬいた。 しかし 、三位になった。
と言うかもしれません。どういうときに「それで」と言い、どういうときに「しかし」と言うのか、考えてみましょう。

　接続詞「それで・しかし」などが、話し手のものごとに対する「感じ方」をあらわすことがあるということを考えようと言っているわけだが、つづいて二三行あとには、

　「わたしは、がんばって走りぬいた。三位になった。」だけでは、三位になって「うれしい」のか、「くやしい」のか分かりません。けれども、つなぎ言葉を使うと、二つの文の関係が決まり、「わたし」の気持ちを

はっきりと表すことができるのです。

・外は非常に寒かった。かけだしていった。

この二つの文の間に、「それで」「そこで」「だから」や、「しかし」「なのに」「けれど」など、いろいろなつなぎ言葉を入れてみましょう。そして、どういうときに「だから」と言い、どういうときに「けれど」と言うのか、考えてみましょう。

と述べて、接続詞が連文にもたらす感情的意味を考えさせている。

〔中　略〕

　二つの例文は、それぞれ、

　・わたしががんばって走りぬいて三位になったコト

　・外が非常に寒くて、かけだしていったコト

ということがら内容をあらわしており、ことがら内容自体には、話し手の感情的評価はふくまれていない。

　・わたしは、がんばって走りぬいた。三位になった。

　・外は非常に寒かった。かけだしていった。

という各二文として表現しても、その点での変化はない。ところが、

　・わたしは、がんばって走りぬいた。<u>それで／だから／そのおかげで</u>、三位になった。

と言えば、「がんばって走りぬいた」ことが原因となって、その結果「三位になった」ということを表現する。要するところ、「がんばったから三位になった」と言うのであって、自分で自分が「がんばった」ことを評価していることになる。そのため、言外に、「やれやれ、よかった」とか「ああ、よかった」「ああ、うれしい」などの感情的意味があらわれてくる。そういう意味をもたらしたものはたしかに接続詞である。

　・わたしは、がんばって走りぬいた。<u>しかし／だのに／けれど</u>、三位になった。

と言えば、「がんばって走りぬいたのに、三位になった」というのだから、三位という結果について、「期待はずれだった」とか「予期に反す

ることだった」「不満だ」「残念だ」とかいう感情的意味が、言外にあらわれてくる。こういう意味をもたらしたものは、やはり接続詞である。

　さて、2004年度の大学院の授業において、複文に関するテキストを輪読する形で、毎回担当者を決めて発表を行なっていた。その中のある時、逆接の回を担当した一人の大学院生が、先にその一部を紹介した宮地（1983）の論文を下敷きにした上で、当時受講していた十数名の院生・研究生たちに、次のようなアンケートを行ったのである[4]。

　　☆次の（　　　　　　）の中にどんな接続詞が入りますか。
　　（a）ゆうべはひどく暑かった。（　　　　　）、よく眠れなかった。
　　（b）わたしはがんばって走りぬいた。（　　　　　）、三位になった。
　　（c）秋が来て、もう二週間になる。（　　　　　）、暑い日がつづく。
　　（d）外は非常に寒かった。（　　　　　）、かけだしていった。

　私も授業の参加者の一人としてこれに答えようとしたところ、（a）と（c）についてはほとんど迷わずに回答することができたが、（b）と（d）については、先の引用文中にあったような理由でしばらくの間悩んだあげく、迷いつつそれぞれ一つの回答を記入した。さて、アンケート終了後に全体を集計してみたところ、（b）について興味深い反応が起こった。回答した15名（日本人9、中国人2、韓国人2、台湾人1、モンゴル人1）の結果をまとめてみると、「そして」が第一位で6名、以下、「だから」4名、「それで」3名、「けれども」2名、と続いたのである。この第一位の「そして」の出現については、出題者である大学院生自身は全く予想外のことだったらしく、出題の元となった宮地（1983）にも全く言及がないとのことだった[5]。また、さらに興味深い事実は、「そして」と答えたのが全て日本人であったことで、他方、「けれども」を選んだ2名はともに韓国人だということだった。
　言うまでもなく、この（b）の質問については「正解」というものはなく、回答者それぞれの状況認識に合わせて、順接の語を入れようが逆接の語を選

ぼうが自由なのだが、結果として、そのどちらでもない、添加とか時間的継起を表す接続詞と言われる「そして」が日本人の半数以上から選ばれたのである。「けれども」を選んだ韓国人のことも含め、上記のような結果を生み出した個人個人の選択が、「たまたま」のことであったのか、あるいは、回答者の国民性のようなものとある程度関わりがあることなのかどうかを調べてみたくなり、大規模なアンケート調査を実施してみることにした。

　この大規模アンケートの結果、および、その背景の考察については本稿では触れないので、興味を持たれた方は、元となる参考文献（金澤 2007a、または、2008）の方を参照していただきたい。いずれにしても、ここに経緯を紹介した接続詞に関する問題については、授業の中でアンケートを実施した大学院生自身も、また、その元となる論文を執筆なさった宮地先生も（多分）、ともに全く予期していない回答が回答者たちの選択の中での第一位を占めたという、まさに驚くべき結果がもたらされていたのである。

3.　ごく最近の、驚くべき回答

　本稿の最初に取り上げた部分的空欄補充のアンケートは、私の興味やテーマの広がりにつれて問いの数が次第に増え、最終的に 20 問を越えるようになったのだが、①の問いと同様にダミーの問題の一つとして当初から実施していた例について、本(2020)年に近いごく最近に、それまでは予想だにしなかった回答が記入されてきたのである。それは次のようなものである。

　　　⑤　初優勝の陰には、選手たちのたゆま（　　　　　　　）努力があったのだ。

　これはもちろん、（出題者の意図としては）「ぬ／ない」の選択状況を見たいというもので、打消し助動詞の古型と新型の使われ方の相違や変化を見ようとしたものである。さあ皆さんは、どんなユニークな回答が現われてきたと思うだろうか。

時は、昨(2019)年の夏、本務校での大学一年生(一部、二年生)に対するオムニバス形式の授業でのことである。総計183名の回答の結果は、次のようなものだった。

　　「ぬ」　　　　129名(70.5%)
　　「ない」　　　 42名(23.0%)　⇒「なき」2、を含む
　　「しい」　　　　6名(3.3%)
　　「い」　　　　　3名(1.6%)
　　その他　　　　 3名(1.6%)　⇒「らない」「なる」「ゆく」、各1

　「ぬ／ない」の選択では、予想以上に古形の「ぬ」が強く、「ない」の約3倍の割合となっていた。また、「その他」の3件(3種)については、理由はよく分からない。そんな中で注目したいのは、「しい」の6件と「い」の3件である[6]。
　用例を集計している途中で、最初は何かの勘違いか記入ミスかなと思ったりしたのだが、6名＆3名と、学部やクラスの異なる複数の回答者たちの中から出てきている以上、多分間違いはないと思う。彼および彼女らは、「たゆま－」ということばにイ形容詞の活用語尾である「－(し)い」を付けているのである。
　確かに「たゆむ(弛む)」というマ行五段動詞は、現在その動詞そのものの形ではほとんど機能していない。試みに、国立国語研究所による日本語コーパスの『少納言』で検索してみると、その結果は次の通りである。

　　「たゆむ」　　　　　1件
　　「たゆまぬ」　　　 33件
　　「たゆまない」　　　8件

　しかも、ただ1つの「たゆむ」の例も、実例は「たゆむことなく」という表現で意味的には否定の形をとっている。また、「たゆまぬ」の場合はもち

ろんとして、「たゆまない」も「たゆむことなく」も、これらのことばは基本的に書きことばの場合に現われる表現のように思われる。とすると、日常生活ではスマートフォン以外に触れることがあまりなく、急速な勢いで活字離れが進んでいる現代の若者たちにとって、「たゆむ」という動詞はむろんのこと、連語としての「たゆまぬ」も「たゆまない」も、それまでに接したことのない、いわば「未知のことば」になっている可能性があるのである。

　さらに、私が「ぬ／ない」の選択や使い分けを見るためにたまたま用意していた上記の⑤の例文では、古形である「ぬ」は助動詞「ず」の連体形であるが、実際に使用されることはかなり少ない「ず」形に比べて、ことわざや連語などの中では今でも比較的用例が見られる「ぬ」は、それが連体形なるがゆえに後接の語として名詞(この例の場合は「努力」)をとることが多いため、その前接語として無意識のうちに、名詞に対する修飾語の代表例であるイ形容詞の存在が意識されて、その活用語尾である「−(し)い」が入れられたのではないかと推測される。

　そうした見方に立って考えてみると、特に「たゆましい」の場合には、語形が非常に類似した形容詞として「たくましい」という語の存在することが気にかかる。「tayumasii」と「takumasii」だから、子音が一つ違うだけである。もちろん、「たゆましい」ということばそのものを知っているはずはないのだが、「努力」という名詞につながりそうなことばを脳内で探している時に、「たくましい」という形容語に類似する形として、無意識的に「たゆましい」という表現が頭をかすめ、「−しい」あるいは「−い」が選択されて、空欄に記入されたという可能性もあるのではないだろうか[7]。

　今、くどくどと持って廻ったように付けた「理屈」が、当を得たものであるかどうかは全く不明である。また、最初の引用部分で触れたように単なる的外れな誤用として、歯牙にもかけないという考え方も当然あると思う。しかしこれまでにも言及してきたように、これらの回答が、一応は真面目に答えようとしているインフォーマントから、しかも、必ずしも仲間内とは思えない複数の学生たちから、それも(項目選択ではない)文字記入という方法から、生まれているということは、確かに「誤用」の一例とは言いながらも、

何らかの意味ある背景を有しているように私には思われたのである[8]。

　さらに、こんなことを考えているうちに、「たゆむ」「たゆまぬ（ない）」：「たゆましい」という関係の場合と類似しそうな表現として、「そぐう」「そぐわぬ（ない）」：「そぐわしい」という関係性が頭に浮かんできた。もちろん「そぐわしい」ということばは、私自身聞いたことのない造語である。ところが、「たゆむ」の場合と同様に『少納言』で検索を行ってみたところ、とんでもない事実を発見したのである。

　ただし先に、上の「たゆむ」の場合と同様の検索結果の方を示してみよう。

　「そぐう」　　　　　1件　　→　　例は、「そぐうように」
　「そぐわぬ」　　　　8件
　「そぐわない」　　175件

　そして、何の気なしのついでに「そぐわしい」を検索してみたところ、何と1件のヒットがあり、それも作家である北方謙三さんが自身の小説の中で使用していることばであった[9]。そこでさらに『日本国語大辞典』を調べてみたところ、これまた「何とッ！」、「そぐわしい」という形容詞が立項されているではないか[10]——つまり、単に私がこのことばの存在を、これまで知らなかったというだけのことなのであった。

　この「そぐわしい」という形容詞の成立経緯などについては、今のところはよく分からない[11]。しかし重要なことは、それより以前のいずれかの時代からあった「そぐう」という動詞に対して、明治期か大正期か（あるいは、それ以前か）の頃に、派生形として「そぐわしい」という形容詞が生まれているということだ。そうであれば、現在から見てこれからの時代である将来において、「たゆましい」あるいは「たゆまい」という形容詞が新しく生まれたとしても、少なくとも形式面での成立過程においては、ちゃんとした「理屈」がつくものであるように思われたのである[12]。

4. おわりに

　有名な「ラ抜き」や「サ入れ」を初めとして、それまでの伝統的な表現やルールから捉えてゆくと、逸脱したものと考えられる形式や表現が新しい形として定着してゆくということは、文法的な面からいくつか例を挙げることができる[13]。また、ことわざや成句の類になると、形式や意味の面で、時間的な経過に伴って、元来は誤用や誤用法ともいえる新しい形式や解釈の方が一般に定着してゆく、という現象はよく見られるところである[14]。況してや、実質語としての一つの単語や形態が、さまざまな理由によって変化したり派生形を生み出したりすることも、しばしば観察できるところである。

　本稿では今回、例文への一部空欄補充というアンケート調査の場合を対象として、そこへの「予想外な」記入例といったものが、調査者の思っていなかった言語的背景を示唆したり、あるいは、将来に亘っての思いがけない新しい展開を生み出したりするかもしれない可能性を持つことを、断片的にではあるが指摘してみた。

　語彙とは、いうまでもなく「語の集まり」であり、語彙の研究は一般には「集められた語の集合」から始められることが多いが、一人一人の人間が無意識のうちに生み出す可能性のある思い違いや誤用（法）などをきっかけとすることにより、そこに発生する一つの単語や表現から、新しい語彙や語法に展開するかもしれない言語変容の種を紡ぎ出すことができれば、その方法も語彙研究の方法の一つとして、認めることが可能なのではないだろうか[15]。

　読者の皆さまへのインパクトも考えて、敢えてこの小稿のタイトルを「選手たちのたゆま（　　　　　）努力」としてみた所以である[16]。

注

1　実施の折にはもちろん、事前に「これらの問題には《正解はない》」ということを伝える。

2　金澤(2007a)を参照――金澤(2008)に再録。

3　なお、引用文中に出てくる国語教科書の文章（ゴシック体で表示）は、宮地先生ご自身が書き下ろしの形でご執筆になった「文のつなぎ方」（光村図書、昭和五五・五八年版『国語』五年上）の中の一節である。

4　例として使われた (a) ～ (d) の四つの文章は、いずれも宮地(1983)の中に出てくるものである。

5　ちなみに、質問 (d) については、順接の回答 6・逆接の回答 9 で、「そして」は一つも見られなかった。

6　もちろんこれらの回答者も、他の問いへの記入状況を見る限りでは、アンケートに真面目に答えてくれている模様である。

7　なお、今回の現象と積極的な関わりを持つかどうかは不明だが、形容詞に関わる次のような事実も判った。

「－シイ」型形容詞については、逆引き辞典を利用すると、その全体の様相が明らかとなるため、北原保雄編『日本語逆引き辞典』の「しい」の項目(pp.35–38)を調べてみたところ、そこに見出し語として挙げられている形容詞は合計 259 語で、拍数の少ない順に示すと、次の通りであった。

　　　・3 拍語―1 語(0.4%)　　・4 拍語―45 語(17.4%)
　　　・5 拍語―67 語(25.8%)　・6 拍語―110 語(42.5%)
　　　・7 拍語―30 語(11.6%)　・8 拍語―6 語(2.3%)

このうち、6 拍語については、「4 字畳語＋しい」の形や、「－くるしい」などの定型的な語が大部分であった。

それに比べると 5 拍語の場合には音声（文字）面に関わる特徴があり、3 拍目の母音による分類を行なうと、[a 段]の場合が 54 語(80.6%)と圧倒的に多く、その中でも多い順に「－ましい」17 例、「－わしい」13 例、「－らしい」11 例、「－かしい」10 例の形が目立った。

この事実は、「＊たゆましい」という語形が成立すると仮定した場合に、音感的な面での抵抗感を弱めるという点で、多少の影響を持ち得るかもしれない。

8　具体的な現象としてはむろん異なるが、その発生に関してある種の「理屈」が付けられそうな近年の新しい表現形として、次のような例の場合の「充実に」がある。

　　　・大学生活を充実に過ごすために必要なことは、…

この点について興味のある方は、金澤(2014)を参照していただきたい。留学生（＝日本語学習者）たちにとってこの「充実に過ごす」という表現は、もはや当たり前の言い方になっているような傾向が窺える。

9　以下は、『少納言』からの引用である。

　　　街を背後から包むように、山がいく重にも続いている。そこにそぐわしいの

は、多分鄙びた漁村だろう。

（北方謙三著『死がやさしく笑っても』角川書店、1996）

10　以下は、『日本国語大辞典（第二版　第八巻）』（小学館、2002）からの引用である。
　　そぐわし・い　〔形口〕図そぐは・し〔形シク〕ふさわしい。につかわしい。
　　＊小鳥の巣(1910)〈鈴木三重吉〉下・七「冬の日向にそぐはしい、取纏めも
　　ない話をした」

11　注9に示した辞書の記述を見る限りでは、「文語での口語」には存在したらしい。

12　もちろん、動詞「そぐう（よく似合う、よく釣り合う）」との意味的なずれのない
　　「そぐわしい」に対して、「たゆむ（心がゆるむ、油断する）」を形だけ形容詞化さ
　　せた「たゆま（し）い」がどのような意味になるかは不明だが…。

13　参考文献に挙げた、金澤(1997)、同(2007b)など。

14　参考文献に挙げた新野(2011)などは、こうした点に触れた代表的なものである。

15　なお、そうした「新しいタネ」を生み出す可能性があるのは必ずしも日本人（＝母
　　語話者）の若者たちばかりではなく、日本語学習者としての留学生や外国人の場
　　合もあり得ると私は考えている。金澤(2008)の書名である「留学生の日本語は、
　　未来の日本語」ということばには、私のそんな思いが籠められている。

16　CMの世界で、コロケーションの面から意図的に創作された「誤用」による有名
　　な作品が、糸井重里さんによる『おいしい生活』(1980年代後半、パルコ〈西武セ
　　ゾングループ〉)である。
　　なお、名詞類を中心として、現代の日本語に関して似たような観点から考察を行
　　い、優れた業績を挙げていらっしゃる研究者として次のような方々がおられる。
　　参考文献の欄に、代表的な著作を一つずつ挙げておきたい。
　　　新野直哉さん、橋本行洋さん、金愛蘭さん

参考文献

金澤裕之(1997)「助動詞「ない」の連用中止法について」『日本語科学』1〈研究ノート〉:
　　pp.105–113. 国立国語研究所
金澤裕之(2007a)「接続詞「そして」について」『横浜国大国語研究』25: pp.31–39. 横浜
　　国立大学国語・日本語教育学会
金澤裕之(2007b)「「～てくださる」と「～ていただく」について」『日本語の研究』3(2)
　　〈研究ノート〉: pp.47–53. 日本語学会
金澤裕之(2008)『留学生の日本語は、未来の日本語―日本語の変化のダイナミズム』
　　ひつじ書房
金澤裕之(2014)「「大学生活を充実に過ごすために…」―新用法発生の契機に関する一
　　考察」『国立国語研究所論集』8: pp.77–83. 国立国語研究所
北原保雄編(1990)『日本語逆引き辞典』大修館書店

金愛蘭(2006)「外来語「トラブル」の基本語化―20世紀後半の新聞記事における」『日本語の研究』2(2)：pp.18–33. 日本語学会

新野直哉(2011)『現代日本語における進行中の変化の研究―「誤用」「気づかない変化」を中心に―』ひつじ書房

橋本行洋(2007)「語彙史・語構成史上の「よるごはん」」『日本語の研究』3(4)：pp.33–48. 日本語学会

宮地裕(1983)「二文の順接・逆接」『日本語学』2(12)：pp.22–29. 明治書院

あとがき

　日本語教育学に関わりのある人で、『KY コーパス』のことを知らない者はまずいないのではないかと思う。今さら繰り返すまでもないが、日本語非母語話者との話のやりとりを既定のルールに則ってレイティングし（⇒ OPI）、それを英・韓・中の 3 つの母語別に能力の偏りなく 30 例ずつ集め、合計 90 人分の会話データを文字化して集めた、一般に言う「日本語学習者の話しことばコーパス」である。1990 年代の後半に完成したこのコーパスの作成者は鎌田修氏と山内博之氏であり、二人の名字の頭文字を合わせて「KY（コーパス）」と呼ばれている。

　さて、その伝に倣って仮に本書の略称を考えるとすると、「KY 共編本」ということにでもなろうか。「Y」の方は今回も山内氏であるが、「K」の方は鎌田氏ではなく、わたくし、金澤裕之が務めている。年齢の点でも、研究分野の面でも、（また、体重においても、）二人にはかなり大きな違いがあり、ご存知のない場合には、なぜこの二人が共同編集を行なっているかを訝しく思う方々がおられるのではないかと思う。その点について、ここで簡単に説明をしておきたい。

　私と山内さんとは、年齢の上では 10 歳ほどの差があるが、経歴に関して一つだけ、全く共通するところがある。それは、大学に関するパーマネントな職歴の 1 行目が、「岡山大学文学部講師（留学生担当）」で始まるということである。つまり、私にとって初の就職から 6 年目に、同じ学部内での昇任が決まった折、その後任として公募を通じてお迎えしたのが、それまで大阪市内の日本語学校で八面六臂とも言える活躍をしていた山内さんなのである。

　山内さんが岡大に赴任した 1993 年の 10 月から、私が関東の横浜国立大学に転任するまでの約 6 年間、ともに独身だった我々は、夏休み期間を除き、

平日はもちろん土曜や日曜も、また年末年始の期間も、間に空き部屋が1つあったが実質的には隣同士と言っていい研究室で、非常に多くの時間をともに過ごした。（なお、その間の部屋には少し後に、宮崎和人さんが入ることになる。）今、「ともに」と記したが、もちろんそれぞれは個々の部屋で研究に励んでいた訳だが、例えば食事の場合など、自転車で一緒に近隣の店に出掛け、そうした店でや、時には戻りついた互いの研究室において、かなりの長い時間、ほとんどは研究に関する四方山の話を続けた。

　今となっては、その頃の話の内容についての細かい記憶はないが、例えば定性データを定量化する方法だとか、研究者の熟練とはどのようなものか、などといったどちらかというと抽象的な話題について、一般の方から見れば訳の分からないような研究上の議論を飽きることなく続けたが、それは我々にとって誠に豊かで幸せな時間であった。その後、山内さんも東京の実践女子大学に移られ、残念ながら二人は現在まで一緒の職場に勤める機会はなかったが、互いに相手の勤務校へ非常勤講師として行ったり来たりする折には、授業終了後も研究室で岡大時代と似たような話を続けて、そのまま夜に至るというケースも稀ではなかった。

　さて、コロナ禍の始まる半年ほど前の2019年秋、私は最終的な定年となる2023年春を迎える前に、個人的な願いの一つをぜひとも実現させたいと思い、その最後のチャンスと考えて行動を起こした。その願いとは、冒頭にも少し触れたが、何らかの形で"第二のKY本"を公にしてみたいということで、山内さんにコンタクトを取り、正直にその思いを伝えた。すると山内さんは、ちょうどある出版社から、何となく依頼を受けている一つの企画があると語り、話をうまくそれに絡めることができれば実現は可能であろうとのお返事を下さった。

　そして、その後の話の展開から、我々二人に加えて、いわば「介添え人」のような役割を果たして下さる方として、岩田一成さんと橋本直幸さんに協力を仰ぐこととなった。岩田さんは、その数年前に広島から東京の大学に移ってきていて、山内さんとはツーカーの間柄であり、私も岩田さんの勤

務先に非常勤講師として伺っていた関係で、交誼を温め始めていたところであった。またもう一方の橋本さんは、元々は私の岡山大学時代からの教え子であったが、研究の面では集中講義などで来られた山内さんの、実質的な弟子のような存在であった。そして、COVID-19が次第に威力を広げてゆく2019年の年末から2020年春にかけて、対面やオンラインでの話し合いを何度か続けてゆく中で、今回の本の企画が次第に固まっていったのである。

　さらに、その結果として、我々を含めて計17名の方々による佳品が、ここに集められることとなった。

　本書の狙いや特色などについては、山内さんによる「はじめに」の部分に詳しいので、そちらに譲ることとしたい。ただ一点だけ、書名の中のキーワードである「小さな日本語学」ということばは、ひつじ書房・松本房主のアイディアである。これまでほとんど目にしたことのない言い回しだが、なんとすてきな表現だろう。研究における私たちのこれまでの営みやこれから目指すべき道すじの一つを、端的に示していることばのようにも思える。

　ふとした折に生まれる、気になることばとの出会いが、大きな、あるいは、小さな花を咲かせるものと信じています。この本を読んで下さった皆さまにもぜひ、そうした幸福な出会いが生まれますように。

　　　　梅一輪　一輪ほどの　暖かさ　　　　嵐雪

　　　　　　　　　　　　　　　　　　　令和四年如月

　　　　　　　　　　　　　　　　　　　金澤裕之

執筆者紹介

（掲載順、* は編者）

小西円（こにし まどか）

東京学芸大学留学生センター准教授

主な著書・論文──「日本語学習者の習熟度別に見たフィラーの分析」（『国立国語研究所論集』第 15 号、2018）、『ミニストーリーで覚える　JLPT 日本語能力試験ベスト単語 N3　合格 2100』（The Japan Times、2021、共著）など。

小口悠紀子（こぐち ゆきこ）

広島大学大学院人間社会科学研究科准教授

主な著書・論文──『超基礎・日本語教育のための日本語学』（くろしお出版、2021、共著）、「初級日本語教科書で「てあげる」はどう扱われているのか」（『日本語／日本語教育研究』13、2022、共著）など。

栁田直美（やなぎだ なおみ）

一橋大学国際教育交流センター准教授

主な著書・論文──『接触場面における母語話者のコミュニケーション方略─情報やりとり方略の学習に着目して』（ココ出版、2015）、「非母語話者は母語話者の〈説明〉をどのように評価するか─評価に影響を与える観点と言語行動の分析」（『日本語教育』177、2020）など。

山内博之 *（やまうち ひろゆき）

実践女子大学文学部教授

主な著書・論文──『プロフィシェンシーから見た日本語教育文法』（ひつじ書房、2009）、『［新版］ロールプレイで学ぶ　中級から上級への日本語会話』（凡人社、2014）など。

建石始 (たていし はじめ)

神戸女学院大学文学部教授

主な著書・論文——『日本語の限定詞の機能』(日中言語文化出版社、2017)、『名詞研究のこれまでとこれから』(くろしお出版、2021、共著) など。

本多由美子 (ほんだ ゆみこ)

国立国語研究所研究系プロジェクト非常勤研究員、一橋大学非常勤講師、東洋大学非常勤講師

主な著書・論文——「現代日本語における二字漢語とその構成漢字の意味の結びつき—「仲介語」に着目して」(『日本漢字學會報』2、2020)、『二字漢語の透明性と日本語教育への応用』(くろしお出版、2022) など。

加藤恵梨 (かとう えり)

愛知教育大学教育学部准教授

主な著書・論文——「第8章　意志・願望・判断を表す表現」(『現場に役立つ日本語教育研究5　コーパスから始まる例文作り』、くろしお出版、2017)、「第13章　「遊ぶ」の意味と教え方について」(『多義動詞分析の新展開と日本語教育への応用』、開拓社、2019) など。

田中祐輔 (たなか ゆうすけ)

青山学院大学文学部准教授

主な著書・論文——『現代中国の日本語教育史—大学専攻教育と教科書をめぐって』(国書刊行会、2015)、『コーパスで学ぶ日本語学　日本語教育への応用』(朝倉書店、2018、共著) など。

奥野由紀子 (おくの ゆきこ)

東京都立大学人文科学研究科教授

主な著書・論文——『日本語教師のためのCLIL (内容言語統合型学習) 入門』(凡人社、2018、編著)、『超基礎・第二言語習得研究』(くろしお出版、2021、編著) など。

嶋ちはる（しま　ちはる）

国際教養大学専門職大学院日本語教育実践領域准教授

主な著書・論文──Text, talk, and body in shift handover interaction: Language and multimodal repertoires for geriatric care work（*Journal of Sociolinguistics* 24（5）、2020、共著）、「看護助手として働く外国人職員の就労場面における言語使用─病棟での業務遂行のためのトランスリンガルなやりとりを例に」（『第二言語としての日本語の習得研究』24、2021）など。

橋本直幸（はしもと　なおゆき）

福岡女子大学国際文理学部准教授

主な著書・論文──『実践日本語教育スタンダード』（ひつじ書房、2013、共著）、「第3章　語彙習得を促す「話題別読解」の提案」（『現場に役立つ日本語教育研究6　語から始まる教材作り』、くろしお出版、2018）など。

中俣尚己（なかまた　なおき）

大阪大学国際教育交流センター准教授

主な著書・論文──『日本語教育のための文法コロケーションハンドブック』（くろしお出版、2014）、『「中納言」を活用したコーパス日本語研究入門』（ひつじ書房、2021）など。

岩田一成（いわた　かずなり）

聖心女子大学日本語日本文学科教授

主な著書・論文──『日本語数量詞の諸相─数量詞は数を表すコトバか』（くろしお出版、2013）、『読み手に伝わる公用文─〈やさしい日本語〉の視点から』（大修館書店、2016）など。

中石ゆうこ（なかいし　ゆうこ）

県立広島大学大学教育実践センター准教授

主な著書・論文──「第12章　外国につながる子どもたちのための語彙シラバス」（『現場に役立つ日本語教育研究2　ニーズを踏まえた語彙シラバス』、くろしお出版、2016、共著）、『日本語の対のある自動詞・他動詞に関する第二言語習得研究』（日中言語文化出版社、2020）など。

森篤嗣(もり あつし)

京都外国語大学外国語学部教授
主な著書・論文 ── 『日本語教育文法のための多様なアプローチ』(ひつじ書房、2011、共編)、『日本語の乱れか変化か─これまでの日本語、これからの日本語』(ひつじ書房、2021、共編) など。

茂木俊伸(もぎ としのぶ)

熊本大学大学院人文社会科学研究部教授
主な著書・論文 ──「第4章　国会会議録における行政分野の外来語」(『国会会議録を使った日本語研究』、ひつじ書房、2008)、「とりたて表現の研究動向」(『日本語と世界の言語のとりたて表現』、くろしお出版、2019) など。

金澤裕之 *(かなざわ ひろゆき)

目白大学外国語学部教授、横浜国立大学名誉教授
主な著書・論文 ── 『留学生の日本語は、未来の日本語─日本語の変化のダイナミズム』(ひつじ書房、2008)、『日本語の乱れか変化か─これまでの日本語、これからの日本語』(ひつじ書房、2021、共編) など。

一語から始める小さな日本語学
Small Japanese Linguistics: Starting from a Single Word
Edited by Kanazawa Hiroyuki and Yamauchi Hiroyuki

発行　　　 2022 年 8 月 31 日　初版 1 刷
定価　　　 2600 円＋税
編者　　　◎ 金澤裕之・山内博之
発行者　　 松本功
装丁者　　 三好誠（ジャンボスペシャル）
組版所　　 株式会社 ディ・トランスポート
印刷・製本所 株式会社 シナノ
発行所　　 株式会社 ひつじ書房
　　　　　 〒 112-0011 東京都文京区千石 2-1-2　大和ビル 2 階
　　　　　 Tel.03-5319-4916　Fax.03-5319-4917
　　　　　 郵便振替 00120-8-142852
　　　　　 toiawase@hituzi.co.jp　https://www.hituzi.co.jp/

ISBN978-4-8234-1148-9

[刊行書籍のご案内]

日本語の乱れか変化か　これまでの日本語、これからの日本語

金澤裕之・川端元子・森篤嗣編　　定価 3,800 円＋税

ルールからの逸脱というと一般にはネガティブに捉えられることが多い。しかし歴史や文化の実際の流れから見ると、それこそが新しい時代やトレンドを生み出す原動力となっていることも多い。日本語における過去や現在進行中の変化を多様な面から取り上げ、ことばの「乱れ」「正しさ」「変化」といったものを、動的な視点から見つめ直す試みの 1 冊。

執筆者：岡田祥平、尾崎喜光、金澤裕之、川端元子、金愛蘭、野田春美、橋本行洋、松田謙次郎、蓑川惠理子、森篤嗣、山田敏弘、横山詔一

「中納言」を活用したコーパス日本語研究入門

中俣尚己著　　定価 1,800 円＋税

コーパス検索アプリケーション「中納言」の初の解説書。3 部構成。第 1 部「検索してみよう」では「中納言」での検索の仕方や様々な機能について解説する。第 2 部「分析してみよう」では結果をダウンロードした後、表計算ソフトやテキストエディタを活用し、どのように結果を集計、数値を比較すれば良いかを解説する。第 3 部「研究してみよう」ではどのようにコーパス研究を行うべきか、また、レポート・論文にまとめる上での注意点を実例をもとに解説する。